超市经营实战全程培训

超市
防损管理

CHAOSHI
FANGSUN GUANLI

赵盛斌 / 编著

经济管理出版社
ECONOMY & MANAGEMENT PUBLISHING HOUSE

总　序

中国古代圣贤老子在《道德经》中说："以正治国，以奇用兵，以无事取天下。"意思是说：用光明正道治理国家，用奇妙的计谋领兵作战，用清静无为去争取天下。

治理国家尚且如此，治理一个企业也是同样的道理。俗话说：上行下效。就是说做领导、做上级的如何处理事物、如何为人，都是在为下属和下级做示范。要想把一个企业管理好，那领导就应当以身作则，用光明正确的方法来管理，才能起到表率的作用，才能受人尊敬而令行禁止，无往而不利！

老子就是告诉我们作为一个领导者应该怎样去管理自己的下属和员工，才能使企业更昌盛，使人们都能安居乐业。一个超市的治理涉及方方面面，如何稳健地运行，是每个超市从业者都关心的。

多年以前，笔者一直有个愿望，运用老子的治国理念，治理超市企业。提出按照系统工程的主导思想，以理论为基础、以实操为主线、以模块化为思路的观点，系统地编著一套超市管理的系列丛书，奉献给读者，由于各种原因一直未能如愿。如今经过笔者的努力，终于完成了这套丛书，得以和读者见面，甚感欣慰。

《超市经营管理丛书》包括：《超市店长管理》、《超市员工管理》、《超市商品管理》、《超市生鲜商品管理》、《超市防损管理》五册。

本套丛书的内容全面、丰富、翔实。每本书既自成体系，各书之间又相互关联成为有机的整体；既有国外超市先进的经营理念和方法，也有国内超市成功的经验和事例；既有介绍超市的各个部门功能，也有各个岗位的职能介绍；既有超市的各个区域之间的关联，也有各个岗位的工作流程、操作方法的具体实例等。

本套丛书在编写的过程中，避免了烦琐和空洞的说教，重在实用，多次修改调整，力求展现给读者简单、实用、创新的内容。更重要的是通过本套丛书介绍给读者理念、方法，而不是告诉读者简单的模仿制度和流程，正如老子所说："授人以鱼不如授人以渔。"笔者虽不能解决读者的所有问题，但希望能起到抛砖引玉的作用，确实对读者能够有所启发和帮助。

本套丛书的编著，也是笔者的一个大胆的创新，第一次全面、系统地按照专业模块的思路编著，这样做有利于引导我国超市的发展经营走专业化的道路，促进我国超市走向良性、健康的发展，提升超市的经营管理水平。也确实希望对于推动我国超市的发展做出自己的微薄贡献。

本套丛书不仅适合超市从业者个人学习使用，也适合作为企业的培训教材或大专院校相关专业的学习参考资料。

由于笔者的水平有限，书中难免有错误，在此恳请广大读者予以批评指正。

2014 年 2 月于深圳

目　　录

第一章　超市防损概论

第一节　防损综述

一、防损综述

1. 防损的概念

根据本单位的人流、物流、信息流的活动规律和特点，通过合理的人员安排、流程规定、管理制度，对可能产生损耗的不安全因素的每一个环节进行监督和控制，从而达到全面控制损耗和保障安全的目的。

2. 损耗的定义

从广义上讲，凡是损害一个单位利益的任何行为都可称为损耗。而狭义的损耗仅指账面金额与实际盘点金额之差。

防损有两方面的含义：一是控制损耗；二是提供安全保障。

3. 全员防损的定义

防损不仅是超市防损部门的工作，也是超市全体员工的责任和义务。因此，防损是员工工作中不可缺少的重要工作。

要确立全员防损的目标。员工积极配合并遵守防损管理规定，积极参与防损监督和举报，及时为防损部门提供损耗线索。

4. 全过程防损的定义

任何一项工作流程中的错误都会直接或者间接导致损耗。因此，作为超市要求防损对每一个可能出现损耗的环节进行有效监控。它的关键是流程合理高效，员工都能按质按量完成工作。

防损与营运是紧密联系、互相依存的，防损等于纯利润。

（1）商品损耗是公司的敌人，降低损耗是取之不尽的利润源泉。

（2）商品销售带给公司是销售毛利，但商品损耗不仅会损失商品的价值，还会损失运输成本、包装成本、人工成本等。因此，损耗损失的不仅是利润，还是纯利润。

5. 防损管理理念

防损工作以"防"为主，防损工作的重点在"防"字，防患于未然。控制损耗在发生之前，才是成功的防损。事后的防损主要在于尽量地弥补损失，其目的是防范和避免类似损耗。

（1）全员防损。

（2）全过程防损。

（3）防损等于纯利润。

（4）防损工作以"防"为主。

（5）消防安全是营运工作的保障。

6. 防损的意义

（1）降低经营成本。

（2）监控稽核流程。

（3）防范安全风险。

二、防损与风险控制

防损部是在超市营销过程中协助、保障营运部门安全、顺利地进行销售活动的忠实伙伴，它工作的目的就是降低营运成本，从而增加利润，控制一切损耗。

（一）门店防损部

防损部是超市的一个独立的、从事防损工作的部门，直接对公司总经理负责。门店防损部由以下几点组成：

1. 防损员

属防损部管理的从事防损工作的人员。

2. 监控中心

将防火、防盗纳入超市的自动化管理范围，并通过电子计算机和闭路电视系统等，结合设备运行和经营管理等工作实行全自动化管理，是超市内防火、防盗设施的显示控制中心，也是紧急情况的指挥中心。

3. 监控员

负责在监控中心操作监控设施的人员。

4. 风险控制中心

超市内预防各种风险并处理各起事故的部门，是防损部的一个机构。

5. 稽核

狭义的稽核是在超市收银机或出口处核对顾客所购商品与小票是否相符；而广义的稽核是防损人员对超市营运全过程的监督、核查工作。

6. 防盗签

又叫防盗扣，是一种用来防盗的产品。通常贴在服装（内衣）、鞋子等易盗物品上，若防盗签未经消磁，通过防盗门时，则鸣叫报警。

（二）防损工作职能概述

（1）负责维持超市正常经营及办公秩序。

（2）保障公司、顾客及员工财产和人身安全。

1）负责公司内外盗防范工作。

2）对发现侵害公司利益的人和事有直接调查、向高层领导直接汇报的职责，并给出相应的建议。

3）有培训所有员工掌握"消防安全"知识和防损知识的职责，贯彻"全员防损，全方位防损"的理念。

（3）负责超市防损工作，防止商品流失。

1）调查门店内部经营管理上的各种异常及违纪事件。

2）监督门店资产管理。

3）监督门店相关规章制度的执行情况。

4）参与门店的商品盘点监督工作。

5）负责门店风险控制工作。

6）阅读公司、部门、超市的相关报表，从中发现问题并进行调查。

（三）防损员的工作宗旨

防损员的主要目标是帮助将损耗减至最低程度，并且保持最小损耗。这就必须每天都付出最大的努力，否则就不能将损耗水平绝对地降至最小程度。对此每位防损员都起着非常重要的作用。

主要是从四个方面来控制损失。

（1）观察受到怀疑的在超市偷窃的嫌疑人，依法捉拿进行扒窃的嫌疑人，并根据政策进行处理。

（2）注意并且适当地告知防损部经理有关公司员工的不诚实行为。

（3）保护公司财产和资产。

（4）超市风险，安全控制。

（四）对防损人员的期望

1. 能力

具有处理超市内部日常工作或者处理反复出现防损问题的基本常识和能力。

2. 态度

超市的防损员工，必须对工作抱着积极的态度，对于可能参与的特别行为或特别环境应理智地加以判断。理智、自控并客观地做出相应的反应。

3. 礼貌

因为防损员代表的是防损部门及超市，所以必须有礼貌，即使是在不利的环境下也应该彬彬有礼，在任何时候表现出自控能力。

4. 克制

个人喜恶不应妨碍防损员的工作，及时地完成主管安排的所有工作。真正能克制指的是在任何情况下都显示出适当的风度和行为，即使主管不在场。

5. 约会

所有防损员不得和营运区域的同事发生异性浪漫事件约会。如确实要与其他同事约会，本人或对方必须调离超市不同的工作区域，特别情况必须要经过防损部经理的批准。

6. 行为

防损员作为店内防损员工，必须在上班时间随时保持警惕，不应参与不必要的谈话，不得从任何供应商、促销人员那里接受礼品和消费，未经防损部门经理同意不得动用公用电话作私用。

7. 言谈举止

防损员应该始终表现出冷静而庄重的外表，不要与人争论或表现出不稳定的情绪，不要匆忙行事。如有必要也能以控制局面稳定为目的动用最低限度的武力。

便衣防损员必须穿着普通顾客的服装。任何或特定地方与普通穿着大相径庭的穿着均会产生相反的效果，只会引起他人包括超市偷窃嫌疑人的注意，防损员应该穿着类似大多数顾客的整洁的衣服。制服防损员应穿着清洁的制服，将工卡佩戴在显眼的位置。

8. 准时

防损员应准时上班，如果出现任何原因而不能准时报到，那么必须在上班前通知管理人员、部门经理、人力资源部经理，于再上班时带上有关证明。

9. 规程和指示

全体防损人员应遵循所有公司规程以及来自主管的直接指示，任何有意对规则和指令的违背将导致解除合同。

三、防损工作对接流程

（一）门店防损工作对接流程

防损岗位设置及人员编制数量调整。首先由门店向公司总部提出报告，经公司总部人力资源部确定后施行。

1. 抽调防损人员

首先由申请人员支援的门店向公司防损部提交申请，其次由公司人力资源部与公司防损部对接确定具体人员名单，最后由人力资源部通知被抽调人员的门店。

2. 考勤薪工资误差统计

每月初直接报门店统一进行汇总、核批。

3. 费用报销

由门店防损部统一报门店，由店长进行核批。

4. 员工违规事件处理

由防损经理直接报店长决定处理意见，上报公司防损部审批，并将违纪情况说明抄报公司营运部存档。

5. 顾客遗留物品处理

由门店防损部统一对遗留物品进行整理、登记和汇总，报店长审核后交公司营运部，由公司营运部统一进行估价和内部处理。

6. 过失行为统计

（1）每周由门店防损负责人将上周行为过失单数、行为过失特点及防范措施进行汇总，经店长审批后报公司防损部并抄送公司营运部。

（2）每月由门店防损负责人根据上月的行为过失单数、行为过失特点总结商品流失规律，提出防范措施，并与上月进行对比分析，报店长核批后报公司防损部。

（3）每季度初由门店防损负责人将上一季度的行为过失单数、行为过失特点及防范措施进行汇总，总结出商品流失的特点，报店长核批后报送公司防损部。

（二）公司防损部与门店防损对接流程

1. 支持新店开业

（1）协助公司人力资源部和防损部确定新店防损人员名单和岗位设置。

（2）协助做好新店防损员的服装、物料申购工作。

（3）根据新店设备安装情况，与人力资源部和门店对接，安排部分防损人员先行进驻新店看护需安装的设备。

（4）与人力资源部和店长对接，安排防损人员做好有关防盗、紧急事件处理等安全培训。

（5）协助门店防损对开业安全警戒方案进行审核。

（6）配合门店做好开业前的各项准备工作。

2. 协助防损人员招聘工作

与门店店长进行对接，由门店安排人员到指定地点维持秩序，并安排防损管理人员主持面试，协助招聘。

3. 协助防损人员培训工作

（1）按公司人力资源部、防损部要求，安排人员对防损员进行防损业务培训。

（2）跟进培训效果。

（3）与其他部门对接相关培训事项。

（4）提供防损员考试题库的更新改版。

4. 对门店防损工作进行监督指导

（1）督促各驻店机构严格按照公司及部门要求操作，发现问题及时指正。

（2）针对巡场中发现的问题及时知会门店，汇总分析所发现的问题，以书面形式进行总结。

（3）对门店防损工作中存在的漏洞和隐患提出意见和建议。

（4）定期召开便衣交流会议及防损工作店际交流会。

（5）定期对防损宿舍进行检查评比。

5. 紧急突发事件处理

门店发生紧急突发事件时，门店防损经理应第一时间将情况向店长汇报，由店长同时报公司防损部和营运部，由营运部协调进行处理。

6. 负责与地方公安部门的联系和沟通工作

四、防损部的日常工作

（一）防损部营业前的日常工作

1. 营业前

每日由当班的防损员及夜班防损员负责开店门并关闭夜间防盗系统，对所有在上午 7∶30 进入或离开商场的员工及清洁公司人员做好登记，并检查他们是否佩戴公司的工牌。

营业前不允许任何员工离店。

每天将记录送至店长办公室阅后由防损部收档。

2. 营业前 30 分钟

防损员必须做到：

（1）检查超市清洁情况，如有问题通知清洁公司来打扫。

（2）确保所有的紧急出口畅通。检查并确保商场内通道没有卡板、包装箱，手推车放置到指定地点。

（3）巡查整个店及收货区，如有问题及时解决。

（4）每日由防损部经理检查收银台、试衣间、员工通道及无购物通道的商品防盗报警系统，并做好检测记录，且定期通知供应商对系统进行维护。

（5）确保所有的防损员在自己的岗位上。

（6）确保早到的顾客有足够的手推车。

3. 开始营业时

确保所有的入口和出口已打开。

（二）防损部营业时间内的工作

1. 防损经理随时控制

（1）巡查整个店、仓库、停车场和收货区。

（2）检查顾客是否有足够的手推车。

（3）安全和防损规则。紧急出口和楼梯畅通。

（4）所有的防损员和便衣防损员在自己的岗位上。

2. 在员工入口处

（1）允许供应商进入，但必须佩戴来访证并登记其公司的工作证或有效身份证号码。

（2）当员工进店时检查员工工牌、工装、工鞋。

（3）私人物品不得带入店内，如香烟、打火机等火种物品绝对禁止带入。

（4）私人物品应放在规定的地方。

（5）员工离开时主动出示物品接受检查。

（6）如出入登记遇到问题时，将当事人送至防损部经理处。

（7）着工衣、戴工牌方可打卡。

3. 在顾客入口处

（1）防损员提示顾客将携带物品寄放在存包柜。

（2）对货物的进口和出口处进行控制（如在电脑小票单上盖章）。

（3）在顾客离开时，引导他们到收银台付款；如顾客未购买东西，指引顾客走"无购物通道"。

（4）对退货的大家电进行监督及控制。

4. 在收货区

（1）根据收货区程序检查收货及退货过程。

（2）记录送货车辆。

（3）登记外出商品。

5. 在服务中心

（1）根据服务中心的工作程序协助工作。

（2）顾客物品取回登记表。

（3）退货时，填写销售退回证明。

（4）顾客遗留物品交接清单。

（5）核对每日"销售退回记录单"。

（三）防损部闭店后的工作

1. 闭店以后

（1）对所有晚上 12 点离开的员工，检查其所带物品并填写"员工进出入登记表"。

（2）各部门员工下班时，防损员提示员工出示物品接受检查。

（3）将所有手推车放回原处。

（4）确保店内、仓库内、停车场内无人留下。

2. 闭店程序

（1）关闭所有的门。

（2）检查所有设备、照明、水、电、燃气是否都已关闭。

（3）防损部值班经理与门店值班经理一起关闭员工入口，由防损员开启夜间防盗系统。

（4）如遇问题，通知防损部一名主管和门店值班经理到场，直到问题解决。

五、防损岗位工作细则

（一）卖场出口岗

1. 工作职责

设置在超市收银台外，接近出口处。

（1）维护正常收银秩序。收银台是收取现金，且人员较集中的地方，顾客常因排队等问题发生争吵。此岗设置起到了威慑作用，须及时发现、制止一些影响正常经营秩序的行为。

（2）负责未通过收银机付款拿出门店的商品的核查工作。

（3）处理顾客经过报警门时引起的报警问题。

（4）协助便衣防损员截获偷窃者。

（5）为有需要的顾客提供帮助。

2. 工作要求

（1）监督制止夹带商品出场的行为。

1）制订商品出场检查的相关制度，所有人离场必须主动接受检查。

2）监督制止员工上班时间购物（除用餐外）。

3）员工的购物商品出场时，必须逐项核对其电脑流水小票。

4）必须认真检查废弃物品离场。

5）认真检查大件商品的送货出场。

（2）监督防范偷窃非卖品的行为。

1）供应商送货时，如有赠品应在送货单上注明赠品名称及数量。

2）门店退货商品须连同其赠品一起清退，并需清点赠品名称及数量。

3）门店经理用赠品赠送老顾客时，应附书面说明。

（3）监督制止商品非正常折价的行为。

1）监督制止员工将因人为保管不当而损坏的商品进行折价处理的行为。

2）监督制止员工将不符合折价条件的商品进行折价处理的行为。

3）监督制止员工将正常商品私自折价的行为。

（二）收货区岗

1. 工作职责

设置此岗主要是处理与相关供应商的业务行为，或商场对外的收发货物保证在商品安全的情况下，迅速、正确地开展工作。

（1）监控收货流程，按相关规定办理退货、换货、调拨等业务，确保准确性。

（2）对进出的货物进行检查，避免公司财产流失。

（3）供应商退换货核查。

（4）对出场垃圾、纸皮进行检查。

2. 工作要求

（1）办理退换货时，应逐项审核退换货单据上的各项内容，经与实物核对无误后，在单据上签注姓名及日期，将退换货商品予以放行。

（2）对采取以物换物方式的商品，如冷冻冷藏、生鲜商品，经核对商品条码、品名、规格、价格、数量完全一致后予以换货。

（3）核对内部调拨商品的调拨单据，确认商品的条码、品名、规格、型号、数量与事物相符时，签注姓名及日期予以放行。

（4）凭正式的报损单逐项核对报损物品，无误后监督报损。

（5）对顾客购买的大件商品需从收货区送出时，要仔细核对电脑小票或送货单，无误后办理登记手续并在单据上注明"货已发"字样、签注姓名及日期、予以放行。

（6）对进入收货区或卖场的送货人员，查验其有效送货单据，登记后发给出入证，在其离开收货区时将出入证收回。如果送货人员将出入证损坏或丢失，应及时向主管汇报，由主管处理，并做好登记。

（7）监督供应商及收货员需在指定的区域内验收进货商品。

（8）不允许供应商越界进入收货区存放货物的区域（黄线以内）。

（9）监督供应商，不可让其在门店内逗留徘徊。

（10）监督员工，不允许其接受供应商的赠品。监督检查收货区商品的摆放安全。

（11）制止蓄意损坏商品的行为。

（12）发现有不正常坏货，应及时核查。

（三）游动巡逻岗

1. 工作职责

（1）做好卖场、出入口区、周转仓的安全防盗工作，发现、制止、抓获在场内进行偷盗行为的过失人员。

（2）协助处理场内纠纷、骚乱。

（3）加强重点商品的监控和交接，加大对盗窃团伙的打击力度。

（4）检查门店设备的安全状况。

（5）负责营业结束后的清场及所有门、窗、周转仓、洗手间、出入口的安全检查工作。

2．工作要求

（1）做好卖场消防安全检查工作。

1）灭火器压力应为 1.2Mpa。

2）消防栓是否有水，水压够不够。

3）烟感器是否感烟。

4）喷淋管放水阀是否有水。

5）应急灯、出口指示灯是否正常。

6）消防通道是否畅通。

7）是否有明火火源（吸烟、点蜡烛、氧割、电焊等）。

（2）卖场防盗安全。

（3）顾客低买事件处理。

（4）员工低买事件处理。

（四）收银监察岗

1．工作职责

（1）贯彻执行公司的各项收银监督检查制度。

（2）对收银员的操作采取现场巡视方式进行监督检查。

1）有权要求收银员停机接受现场盘点检查。

2）核实收银员更正、取消情况，并进行更正、取消的现场授权操作。

3）核实收银员退货、手工折让授权等情况。

4）对违反收银监督管理规定的行为进行制止和提出处理意见。

（3）对收银员工作中出现的问题进行总结分析，发现问题及时向上级汇报，并通知收银主管。

（4）经常与门店相关区域人员进行沟通，使收银监察工作正常进行。

（5）参加公司及部门组织的各类培训、考核。

2．工作流程及细则

（1）营业前。

1）监督、抽查收银员备用金包存情况。

2）整理前一日"商品退（换）货申请单"和退（换）货电脑小票，在专用登记本上记录单号和单数，与"收银异动日报表"逐一核对。

（2）营业中。

1）巡视收银现场对收银情况进行监督，发现问题及时纠正，并提出处理意见。

①经常在收银台周围巡视监督。

②经常抽查收银台周围的购物袋、垃圾箱、抽屉等。

③对收银员上机要制定严格的监督制度。如收银员不得随意离开收银台，离开时要知会收银组长；不得随意打开收银机抽屉点钱等。

④有业务需要方可允许在收银台放计算器。

⑤监督制止收银员携带现金、卡类物品上机。

⑥对经常出现的收银机故障要加以留意。

⑦监督制止收银员私自留下电脑流水小票。

⑧对收银退货处理的监督：顾客退货时一定要由管理人员授权并由相关柜台员工签收商品。

2）监督检查收银员营业款的上缴和备用金包存情况。

①监督收银员在指定的区域做单，禁止在卖场单独做单。

②制止收银员将营业款带出做单区域。

③检查收银员的备用金包存。

3）对收银员需更正、取消的商品，没有留下商品也没有证明人证实时，收银监察不给予现场授权更正。

4）对收银员挂单商品的更正、取消情况，收银监察员在未查明原因时不给予授权更正或取消。

5）因收银员出现错误或收银监察员认为必要时，可以随时对收银机进行现场盘点，并将结果通知收银员。

6）遇顾客投诉收银员少找钱时，应进行现场盘点查实，并将结果通知收银主管。

7）发现收银员漏输、错输、流失商品等情况应及时提醒收银员更正。

8）当出现价格有误时，收银监察员在查明情况后，应立即通知该相应主管到场，并监督收银员做差价结算。

9）对收银员丢失挂单商品的，要先进行结算，待查证后再做适当处理。

（3）营业后。

1）将收银失误情况如实记录在收银员操作失误统计表上。

2）与收银主管对接当天收银失误情况。

3）收取并核实收银员的退货电脑单据、手工授权打折单据和"商品退

（换）货申请单"。

4）监督检查收银员营业款上缴和备用金包存情况（包括服务台备用金）。

（五）CCTV 监控岗

（1）通过 CCTV（闭路电视）系统观察卖场异常情况，及时通知有关人员迅速进行处理。

（2）对顾客和内部员工进行监控，及时发现外盗和员工内部违纪行为。

（3）提供相关录像资料，必要时作过失旁证。

（六）员工通道岗

主要设置于员工上下班与卖场进入办公区必经的道口。作用：

（1）监督员工上下班、用餐、打卡，阻止员工上班时间随意进出超市。

（2）检查员工下班时随行物品，防止公司资料、商品、财产流失。

（3）检查到访人员的随身携带物品，并发放来访卡，进行登记。

（七）外围岗（适用于需自设外围岗的门店）

（1）看护商场外围设备、设施。

（2）看护商场门前停放车辆安全。

（3）维持大门周围的治安秩序。

（4）保障门店周围交通顺畅。

（5）制止促销人员直接收取顾客现金，如发现应立即上报。

（6）制止衣衫不整（如乞丐或光膀子）者进入商场。

（7）遇有紧急事件时须迅速赶到指定地点待命。

（八）停车场岗

适用于单车、电单车管理停车场的门店。

（1）引导顾客车辆、送货车辆按车位停放，维持车场秩序。

（2）车辆的进出登记。

1）按 24 小时制登记进场时间。

2）登记牌照。

3）签注日期和值班员姓名。

（3）车辆出场应收回凭证，核实车牌照号码与凭证是否一致，登记出场时间后放行。

（4）对丢失凭证的，应上报主管处理。

（5）防止车辆发生碰撞，发生情况应及时上报。

（九）夜班岗

（1）与晚班人员进行营业结束后的交接工作。

（2）对清场后需要在商场内工作的人员进行登记并在工作现场设置岗位。

（3）流动巡逻岗人员负责各楼层及商场外围的安全巡查。

（4）CCTV 监控岗负责监控商场内情况，如有异常应及时反馈至当班负责人。

（5）未设置外围岗的情况下，值班人员必须每隔半小时到商场外巡视一次。

六、防损设备的安全使用要求与检查

防损部必须定期检查防损设备，这些检查必须按照"防损设备，检查计划"完成，将防损设备检查计划呈报店长做最后核查。如发现问题，立即通知维修部主管。

（一）安全设备使用要求

1. 警棍

（1）在负责现金和大型活动的警卫及押送不法分子时使用。

（2）严禁随意使用、玩耍和外借。

（3）不使用时要妥善保管在指定地点。

（4）各班做好交接的检查工作，如发现损坏视情况由责任人赔偿，或办理报损手续。

2. 红外线报警设备

（1）红外线报警设备的开启和关闭工作必须由助理级以上人员操作。

（2）操作人员要对系统密码严格保密。

（3）对未设岗的重要场所要 24 小时设防。

（4）金库（现金办）、财务部在下班后开始设防，次日早上清洁工作开始之前撤防。

（5）设防后任何人均不得进入该区域。

（6）设防后发现报警应迅速查明报警原因，采取相应措施。

（7）定期对系统进行检测，确保正常工作。出现故障立即向主管汇报，通知有关人员维修。

3. 监控设备

（1）开机前应清洁监视屏幕。

（2）按照正确的开机顺序打开监控设备。

（3）已调整好角度的屏幕不得再随意调动。

（4）不得随意挪动监控设备位置。

（5）不得频繁开关设备，每连续开机 24 小时后，应关机 2~4 小时，以延长监控系统的使用寿命。

（6）定期对系统的重要部件进行保养，出现故障立即向主管汇报，通知有关人员维修。

（二）定期检查

1. 日常

（1）紧急出口和楼梯畅通。

（2）确保超市各部门在店内或仓库内堆放的物品与喷淋头之间的距离不小于 60 厘米。

（3）根据终端的压力表，检查喷淋网络的压力（最小 7 公斤）。

2. 每周

（1）检查喷水泵和防水软管（手动和自动）。

（2）自动状态：为检查泵的自动启动，可在管子里加压以了解其状况。

（3）将门店、仓库、停车场划分成四个区域进行紧急照明系统的检查。

（4）这些检查需与发电机的检查同时进行。

3. 每月

（1）灭火器。易取到、类型（粉末或液体）、压力、安全锁。

（2）防火软管。易取到、压力、状况与网络的连接。

（3）灭火塞。易取到、状态。

（4）卷闸门。易开的，手动状态下的功能。

（5）紧急出口。畅通的，报警功能。

（6）火警。可用的，状况、联络、照明、报警器。

（7）闯入报警装置功能检查。联络、红外线、财务报警装置、门。

4. 6个月

（1）烟感器检查。检查每一个烟感器的功能。

（2）卷闸门。畅通、在自动模式时的功能。

（三）监控

除了消防员每个月的随时检查，安全设备的监控每年进行，由官方组织如公安局消防部门、供应商、保险公司等进行。

（四）防损部必需品及表格清单

（1）送货车辆登记表。

（2）商品外出申请表。

（3）手推车控制报告。

（4）商品防盗系统检测记录表。

（5）防损部消防设备检查表（日检）。

（6）防损部设备检查表（周检）。

（7）防损工作记录表。

（8）偷窃记录表。

（9）员工进出登记表（包括员工入口/收货区）。

（10）防损设施。

（11）各班次工作记录表。

（12）卫生检查。

（13）收货部商品抽检表。

第二节　防损部岗位工作职责

一、防损部经理岗位职责和任职资格

（一）防损部岗位职责

（1）对总部防损部负责，主持防损部日常工作，协调与各部门的关系。

（2）组织制定和实施各项安全措施，确保超市营运秩序正常。

（3）负责组织义务消防人员的培训，定期安排检查防火器材。

（4）负责超市门店内突发事件的应急处理和事故的调查。

（5）完成店长交办的其他事宜。

（二）防损部经理任职资格

（1）30～45岁，大专以上学历、复员军人（优先），有两年以上商场防损管理工作经验。

（2）具有较强的军事素质并能指导队列训练。

（3）熟悉超市门店运作情况，了解各种安全设备的使用及性能。

（4）具有丰富的防盗工作经验和果敢处理突发事件的能力。

二、防损部主管等岗位职责和任职资格

（一）防损部主管岗位职责与任职资格

1. 防损部主管岗位职责

（1）对防损部经理负责，制订日常工作计划。

（2）组织防损员日常训练。

（3）组织开展操练和突发事件的应急演练。

（4）检查门店周围的交通情况，必要时派人维持交通秩序。

（5）检查门店突发事件的应急处理。

（6）检查门店安全情况，发现隐患及时处理并上报。

（7）检查防损员工作情况，处理有关问题。

（8）分析超市发生的盗窃情况，及时采取防范措施。

（9）组织防损员打击盗窃分子，处理发生的盗窃事件。

（10）定期组织防损员宿舍内务检查与评比。

（11）负责组织对员工进行安全知识培训及消防、防盗意识的指导。

2. 防损部主管任职资格

（1）22～35岁，退伍军人（优先），中专以上学历，一年以上商场防损主管工作经验。

（2）具备较强的军事素质，能指导队列训练。

（3）具有一定的防盗经验，能较好地处理突发事件。

（4）熟悉超市门店运作流程和各种安全设备的使用和性能。

3. 工作要求

（1）组织队员早操及升旗训练。

（2）检查门店内的安全。

（3）检查升旗准备工作，安排防损员升旗。

（4）巡视各岗人员到岗及违纪情况。

（5）对超市报损商品、销毁单据派专人跟踪监毁。

（6）接财务部大额现金的提取、运送通知后指定防损员押运。

（7）按照每周制定的工作重点检查落实情况。

（8）对超市举行的促销、会议等活动安排防损员维护现场秩序。

（9）处理大批量商品调拨、退换等的跟踪处理。

（10）处理当班期间防损员反映的问题及其他事件，重大问题及时上报部门经理。

（11）在部门经理授权范围内及时对盗窃事件进行处理，超越权限范围的立即向部门经理汇报。

（12）检查超市清场工作是否彻底。

（13）传达夜班工作应注意的事项。每周不少于一次夜间查岗。

（二）防损部主管助理岗位职责与任职资格

1. 防损部主管助理岗位职责

（1）协助主管开展防损部日常工作和训练。

（2）负责每日执勤防损员的工作安排、岗位分配及调动。

（3）检查防损员岗位执勤情况，及时处理出现的问题并向主管汇报。

（4）将本组队员的迟到、缺勤情况向主管汇报。

（5）定期进行超市门店安全检查，发现安全隐患及时上报主管。

（6）负责超市门店大门的开锁、上锁和红外线报警系统操作。

（7）协助主管对盗窃事件进行处理。

（8）夜班期间负责安排人员监督门店的施工和清洁工作，并巡视、处理报警事件。

（9）为新队员提供入职指引并向主管反映其工作表现。

2. 防损部主管助理任职资格

（1）22~30岁，退伍军人（优先），高中以上文化，有一年以上防损工作经验。

（2）具备较好的军事素质，能组织队列训练。

（3）有一定超市安全知识，能正确使用商场各种安全设备。

（4）掌握突发事件的处理原则，有一定的防盗经验。

3. 工作要求

（1）营业前。

1）将超市门店内红外线报警系统撤防。

2）参与早会和训练。

3）安排队员岗位，发放门店需开启通道的大门钥匙。

4）协助主管安排升旗人员，参加升旗。

5）按岗位向队员发放对讲机。

6）将前一营业日夜班期间发生的异常情况向主管汇报。

（2）营业中。

1）收取通道大门钥匙，检查通道开启情况。

2）查看各岗人员工作情况。

3）现场处理岗位上反映的问题，涉及部门之间的问题及时向主管反映。

4）协助主管处理门店发生的盗窃事件。

（3）营业后。

1）组织队员进行清场。

2）关闭超市门店各通道并开启红外线报警系统。

3）对超市内夜间的施工和清洁，负责安排队员监督。

4）夜间定时巡视各岗位，如报警器报警要与队员共同到现场内查看，视情况向门店领导和公安机关报告并做好记录。

三、防损部防损员工作职责

（一）防损员的职责

（1）在员工入口处检查员工工牌佩戴情况。

（2）在员工入口处检查员工外出携带的包裹。

（3）在员工入口处接待、服务与公司有业务往来的供应商。

（4）在员工入口处检查并登记一切从商场内运到场外的物资。

（5）协助和监督现金办人员进行收款和送款的工作。

（6）监督收银员的收款工作。

（7）分析调查并跟踪短长款等不正常的收银机和收银员。

（8）在收银台注意和发现并提醒未付货款而欲离开收银台的顾客。

（9）在店内抓获偷窃嫌疑人并按公司的政策进行处理。

（10）组织协助安全小组的宣传工作。

（11）对门店营运部门员工进行消防安全培训，包括如何使用灭火器和如何进行紧急状态下的安全疏散。

（12）与门店各营运部门积极联系，随时对员工伤、生病事件和财产事件进行调查。

（13）配合门店营运部的盘点工作（抽样盘点）。

（14）配合门店营运部门进行店内、店外的促销活动。

（15）提醒运货司机并协助收货部安全收货。

（16）保护店内、店外一切财产、设备的安全和完好无损。

（17）第一时间处理店内发生的一切突发事件并积极联系当地公安机关。

（18）对店内紧急出口、消防器材和消防系统进行定期检查。

（19）每周检查商品的条形码是否与标价相符。

（20）协助营运部门制定完善的退货程序以降低损耗。

（21）协助相关人员维护停车场的秩序，采取措施保障停车场的安全。

（22）对店内的重点区域进行检查，如收货部、现金办、索赔办财务室等。

（23）协助质检员一同检查收到的商品的质量（重点食品类），把损耗拒之门外。

（24）在工作中不断总结经验，杜绝漏洞把防损的工作做好。

（二）防损员岗位职责

1. 岗位职责

（1）车场岗。

1）坚守岗位，礼貌回答顾客有关门店情况的咨询。

2）合理安排有关车辆放行，保证门店出入口畅通。

3）预防不法分子在车场进行偷盗行为，发现情况及时制止、抓获，并送当地公安部门处理。

4）负责夜班车场的人员，要不定时巡视门店四周，检查卷闸门的安全情况，发现问题要及时处理。

（2）收银进、出口岗。

1）引导顾客从超市入口处进入超市。

2）制止顾客将未付款的商品带出超市。

3）按超市规定监管购物车（篮）。

4）制止顾客带饮料、食品及其他超市内出售的同类商品进入超市，对于携带大包（袋）及公司购物袋的顾客，建议其存包。

5）当防盗报警器报警时，按下列方式处理：

①进超市报警的，一般是顾客所穿服装或所带物品上带有磁性，防损员应礼貌地向顾客说明情况并征求顾客是否需要为其将磁性消除，如不同意，并执意要进入超市，防损员应放行并报告助理或主管。

②出超市报警的，如顾客未购买商品，请其到办公室交助理或主管处理；如已购买商品，防损员应将购物袋过防盗门测试，发生报警，将商品交给收银员处理；未发生报警，则请顾客通过防盗门，又发生报警后将顾客请到办公室，交由助理或主管处理；未发生报警的应向顾客致歉将商品送还。

6）对超市内开单销售的商品，顾客出超市要查验购物单和电脑小票。核实无误后，在电脑小票上注明"已验"字样及日期。对于大件商品核实单据后，还需通知超市正门岗防损员做好登记（视分店情况而定）。

7）超市出现突发性事件迅速到指定位置待命。

（3）大门岗。

1）维护超市入口的正常秩序，劝止客人带包和超市内所售商品及宠物入内。

2）礼貌回答顾客的提问。

3）制止卖场员工上下班从大门出入。

4）制止供应商从大门送货入商场。

（4）收货部内外岗。

1）负责指挥该区域车辆停放。

2）禁止员工、顾客和供应商从收货部出入（收货组人员和生鲜供应商除外）。

3）积极配合收货组人员清点进入商场的物品，发现问题及时通报收货组。

4）对退货的商品及报损的商品须有部门主管签字，检查后方可放行；对清洁部的清除纸片要一一检查，无商品在内，方可放行。

5）对顾客购买的大件商品在收货处送出时，要仔细核对电脑小票或送货单；退货必须有部门主管签字，防损员必须查问登记，方可放行。

（5）便衣岗。

1）劝阻顾客在超市内拍照（经公司同意的除外）、抽烟和吃食物（促销除外）。

2）巡视卖场、防止内外盗，抓获偷窃嫌疑人及时送交主管处理。

3）监督员工的工作情况，发现问题及时报告部门主管。

4）仔细观察环境，发现可疑人员要进行跟踪，防止超市物品的流失。

（6）仓库岗。

1）对出入仓库的人员要严格登记，禁止一切无关人员进出仓库。

2）对出入仓库的商品要一一登记清单编号及物品数量，让工作人员在记录本上签名。

3）要随时观察仓库四周的环境，发现可疑情况，及时报告主管。

（7）监控岗。

1）上岗前先清点、整理监控室内的办公用具，然后清理监视屏幕的卫生。

2）打开录像机，检查运作情况，安装录像带并定时换带。

3）保持坐姿端正，密切注视监视屏幕，观察商场的动态。

4）通过监视屏幕发现商场内的异常情况要立即用对讲机通知助理或主管。

5）对当班期间发生的问题做好详细交接班记录。

（8）员工通道岗。

1）检查下班员工随身携带的物品。

2）禁止当班员工无故离开门店，因工作需要离开的要做好登记。

3）对从该通道拿出门店的物品要认真检查。

4）制止员工带包（袋）和与工作无关的物品从通道进入超市。

5）制止未着工衣、戴工牌的员工从通道进入超市。

6）禁止员工从超市携带商品进通道。

7）禁止员工上下班代打卡，一旦发现立即记录其工牌号并向人力资源部反映。

8）禁止顾客、送货人员及其他无关人员进入通道。

9）负责来访人员登记，通过电话通知被访人员，维护办公区域的工作秩序。

10）夜班需检查办公区门窗及照明灯是否关闭。

11）对夜间办公区因工作需要值班的人员要核实登记名单，未登记人员不得进入。

（9）夜班岗。

1）协助晚班人员进行营业结束后的商场清场工作。

2）负责对清场后需要在商场内工作的人员进行登记并在工作现场设置岗位。

3）清场结束后由助理负责开启商场红外线报警系统。

4）值班期间如红外线报警器发生报警，助理带领队员对报警区域进行检查并视不同情况分别处理。

①如发现盗窃情况，立即向上级和公安机关报告并控制保护现场。

②经检查确定属于误报的，应向来电询问的公安机关说明原因。

5）值班人员必须每隔半小时到商场巡视一次。

2. 任职资格

（1）18～25岁，退伍军人（优先），高中以上文化，有一年以上商场防损工作经验。

（2）有良好的军事素质和较强的团队意识。

（3）具备一定的商场安全和法律常识。

（4）正确使用门店内常用安全设备。

（5）防盗意识强，具备一定的防盗技能。

3. 工作要求

（1）营业前。

1）参加早晨训练。

2）到岗位与上一班人员办理交接。

3）参加升旗。

（2）营业中。

1）接手处理上一班未处理完毕的问题。

2）负责维持所在区域的工作秩序。

3）各超市门店出入岗位人员（如收货区岗）对出商场的商品要审核有关单据，要求实物条码、品名、规格、数量、价格等与单据完全一致，并在单据上签名、注明日期或"货已发"字样。

4）公司物品借出超市时需要做好登记工作或办理有关手续。

5）对运出门店的垃圾、杂物，相关出口岗人员要认真检查，防止商品流失。

（3）营业后。

1）对当班期间发生的问题和本岗使用的专有物品要在交接班本上记录。

2）交接班时两班人员必须互行举手礼，核实交接班内容。

第二章　超市卖场防损分析

第一节　卖场防损与安全综述

一、超市防损损耗的特征与防损功能

（一）超市（卖场）安全的含义

超市安全不仅指商场及其人员的人身和财产不受侵害，而且指不存在其他因素导致这种侵害的发生，即超市安全就是商场内不发生危险以及对潜在危险因素的排除。

超市安全是把商场的各方面的安全因素作为一个整体加以反映，而不是单指商场的某个方面。

（二）超市内部带有共性的损耗特征

1. 收货单据计数错误

在收货环节上，由于相当一部分为非标准生鲜品和原材料，因鲜度、水分含量和冷藏温度等的不同，收货的标准受收、验货人员的经验影响较大，出现判断误差和计数错误的可能性也较大，这里也不排除故意的人为原因造成的误差。

2. 内部和外部偷盗行为

生鲜商品和原材料因其可直接食用的方便性、保存陈列的方式和位置不同，一般来讲，水果、熟食、面点等部门的偷盗损耗率会高一些，而且一旦失窃不易查证。

3. 收银计数错误

这类错误常出现在两个环节。一是非标准生鲜品在称重计量时打错商品名称，出现计价错误；二是收银台对商品扫描时发生计数错误。

4. 退换、索赔商品处理不当

一些超市未设立索赔商品管理职能，导致管理工作不到位，对索赔商品得不到及时处理，无法取得合理的索赔商品补偿，使得本可挽回的损失扩大化。

（三）超市防损体系应具备四个功能

1. 损耗监督的功能（具有一定威慑力）

能够渗透营运的各个环节，起到监督的作用，减少这些环节中可能产生违规的背景，起到优化环境的作用。

2. 损耗预警功能

如销售数据、安全库存数据、采购订单量预警、商品库存金额、账期资金占用量、资金预警、新品、特价、竞争店、综合毛利率预警、订货量、库存量、销售排行、周转数、财务付款预警、盘点数据、损耗正常参数、异常损耗预警。

3. 损耗分析功能（损耗审计）

能够从损耗现象中及时排除正常损耗，对异常损耗能进行分析，并找出原因及解决方法。

4. 损耗处理功能

损耗处理包括三个方面：损耗物品的处理、损耗流程的处理、损耗人员的处理。对产生损耗的人为因素分析，并予以处理。

二、商品损耗产生的原因

（一）变价损耗

1. 固定促销变价

如月特卖品，定期特卖活动，周年庆等。

2. 临时促销变价

为对应竞争店临时降价或生鲜品时段降价出清存货。

3. 厂商调降市面零售价

存货因而产生降价损耗。

4. 快过期商品促销变价

因商品食用期限或使用期限快到，为求销售量增加，可成立特价区，降低售价。

5. 为消耗量大的商品库存的变价

在月底或年关将近时，为减轻库存所做的促销变价。

（二）废弃损耗

1. 节庆商品逾期未售完

如月饼等因年节已过，无法售出。

2. 国外进口商品

如进口葡萄、进口牛肉等，因无法退货，容易产生废弃。

3. 自有品牌

开发自有品牌，建立企业形象，因无法退货产生废弃。

4. 订货不当

订货不正确，使商品过剩却无法退回而产生废弃。

5. 管理不当

（1）商品管理流失，如先进先出未彻底执行，导致商品过期。

（2）仓库管理疏忽，使商品可能因潮湿、鼠虫等侵害，导致商品受到损害。

6. 冷藏冷冻设备损坏

因机器设备故障，导致商品产生废弃品。

7. 偷窃、偷吃

（1）小孩边走边吃、留下空盘。

（2）将包装盒留下，拿走里面的商品。

8. 商品遭破坏无法退回

顾客或员工因一时疏失、损毁商品却无法退货给供应商。

9. 商品加工技术不当产生损耗

如因调理不当使商品无法出售，或因作业时间过长使商品鲜度降低等。

（三）不明损耗

1. 验收不正确

（1）商品数量不足。

（2）厂商套号，以低价商品冒充高价商品。

（3）厂商代标价，以高价低标，使公司受损。

（4）促销赠品未随货入超市。

2. 厂商进出管理不当

（1）厂商将商品夹藏于空箱内蒙骗带出超市。

（2）退回厂商的商品或坏品未确定检查，以致夹带其他商品出去。

（3）厂商利用管理疏失，伪造签收单。

3. 移库作业流程不当

（1）分店间移出入手续不完备。

（2）部门与部门间移库，账务处理不当。

（3）使用自用商品未确定填报或未列入费用明细。

4. 员工管理不当

（1）员工于店内偷吃。

（2）员工出入夹带商品。

（3）员工将商品高价低标，卖给亲朋好友。

（4）员工作业疏忽致商品标价错误。

（5）特价商品促销结束后未将商品变回原价。

（6）夜间执勤时未尽到职责，导致他人有偷窃机会。

5. 专柜人员管理不当

（1）专柜人员利用身份偷窃。

（2）专柜人员掩护其他人员偷窃。

6. 收银人员管理不当

（1）利用收银机退货键或立即更正键消除登打金额，乘机抽取金钱。

（2）遇到熟识人，故意漏扫部分商品或私自按下较低价格抵充。

（3）对收银工作不熟练。

（4）特价已结束，但收银员仍以特价售卖。

（5）顾客更换商品，未依规定填写表格却以其他部门商品抵充。

7. 盘点工作未落实

（1）盘点人员未确定依实际库存量盘点。

（2）不能食用或使用的商品列入盘点。

（3）岁末进货未入账却盘入库存，使账面、存货虚增。

（4）其他部门借用相关陈列商品未列入。

（5）赠品买二送一却计入存货。

（6）已办退货商品，厂商未取走，或已报废的商品，却尚未处理，盘点时却计入存货。

8. 作业上疏失

（1）商品标价错误。

（2）POP 不清楚或错误，顾客要求以较低价格购买。

（3）待退货商品因管理不慎遗失或被窃。

（4）商品磅秤机故障，使商品重量价格比实际低。

9. 兑换品券管理不当

（1）兑换品券未如实呈报，而为作业人员窃取私用。

（2）管理者对兑换券作业流程是否入账，未尽督导责任。

（3）兑换券有效日期已过。

10. 设备故障的损耗

设备故障所引起的损耗原因一般有停电、冷藏（冻）柜故障。

（1）停电。

1）冷藏、冷冻商品出现温度骤变而破坏商品鲜度。

2）营业时间停电，有些顾客可能浑水摸鱼或带物离去。

（2）冷藏（冻）柜等机器故障，采取的应对措施。

1）事先了解停电情况的，应采取特别措施保持商品的鲜度。

2）店内发生电路故障应及时请人修理，并定期做好电器检修。

3）营业中停电时，营业人员应向顾客致歉，并注意顾客动向。

4）冷藏（冻）柜等机器突然停止或出现故障时，应确认路线是否正常，并及时联络维修厂商。

11. 顾客偷窃

参照本书第四章。

（四）商品损耗造成的后果

1. 给超市造成的后果

（1）损耗的危害。

1）损耗直接危害经营的业绩和利润。

2）损耗的控制直接反映超市的管理水平。

3）除了直接看到商品失窃等有形损耗外，还有很多无形的损耗会吞噬大量的经营成果。

（2）增加了运营成本、降低了商品的获利能力。

（3）降低了本单位员工的收入和稳定性。

（4）降低了本单位的竞争力。

2. 给顾客造成的损失

一个单位为达到盈利的目的，必然把过高的商品损耗计入成本，势必会造成商品价格的提高，最终是顾客因为商品损耗而支付了更高的商品购买价格。

（五）损耗额和损耗率的计算公式

损耗额＝盘点盈亏（含月末大盘、个别部门周盘）＋商品报损＋进项税转出（前两项之和乘 17%）。

损耗率＝损耗额÷不含代销和租赁的销售额。

（六）损耗的控制措施

损耗的控制措施，如表 2 - 1 所示。

表 2 - 1　损耗的控制措施表

序号	损耗的类别	损耗的原因	损耗的控制
1	订货的损耗	订货量太大，导致商品滞销、变质、超过保质期	（1）严格以销订货 （2）采用每日分批订货和分批送货的方式
2	收货的损耗	（1）过磅不准 （2）商品等级、规格、质量不符合标准或订单 （3）赠品、折扣不对 （4）供应商的欺诈行为导致损耗 （5）员工与供应商勾结导致损耗	（1）每日开店前做磅秤的重量测试 （2）加强验货程序 （3）按规定收赠品折扣 （4）加强供应商进出收货口的管理检查 （5）加强监管、监督，至少 2 人完成收货
3	单据的损耗	（1）收货单据的数量、价格与实际不符 （2）内部转货单据与实际不符 （3）收货数据的录入错误	（1）收货时严格做到单、货一致 （2）内部转货的货号、数量与实际严格相符 （3 核查录入的结果
4	储存的损耗	（1）储存冷库的温度不正确 （2）储存的方式不正确 （3）交叉感染或串味 （4）未先进先出，导致变质 （5）存放时间过长而变质	（1）定时定人检查冷库的温度，及时保修 （2）堆积必须考虑商品的承受力 （3）严格遵守正确的程序 （4）标明保质期，严格遵守 FIFO （5）控制进货量、储存量

序号	损耗的类别	损耗的原因	损耗的控制
5	加工的损耗	(1) 对原材料未能进行深加工、未能有效利用 (2) 配方操作未能标准化作业，导致损耗 (3) 加工技术不当，口味变差，难以销售 (4) 加工过程因卫生问题，污染食品 (5) 包装耗材浪费严重	(1) 充分利用原料，将熟食、蔬菜、肉类等次鲜商品进行再加工等，减少损耗 (2) 标准化配方作业 (3) 加强员工调理技能训练，做到符合上岗条件的才能上岗 (4) 保持卫生清洁，正确及时处理垃圾，保证商品不受污染 (5) 包装标准化
6	陈列的损耗	(1) 商品的自然腐烂变质 (2) 商品的陈列方式不对，导致损耗 (3) 陈列的冷柜温度不正确，导致商品变质 (4) 顾客的挑拣而造成的损耗	(1) 及时挑拣商品，或作退货 (2) 正确、合适的陈列方式 (3) 检查冷柜的温度、冷气口是否正常 (4) 善意礼貌地提醒顾客，并及时挑拣垃圾
7	变价的损耗	(1) 变价不及时，导致损耗 (2) 价格不统一，广告与标价、电脑与标价不符 (3) 商品因降价（广告竞争）而产生的损耗	(1) 变价及时 (2) 核查价格标牌与电脑价格、广告价格是否一致 (3) 登记降价幅度，评估降价效果及对总毛利的影响 (4) 供应商提供免费赠品弥补
8	补货的损耗	(1) 未能正确处理商品而导致商品受损 (2) 补货不及时，导致缺货	(1) 小心轻放 (2) 及时补货
9	理货的损耗	(1) 未能正确处理商品而导致商品受损 (2) 散货未及时收回而损坏，如面包、蔬菜、冷藏食品、鲜活等	(1) 小心轻放 (2) 专人及时收回散货，出售前作质检

续表

序号	损耗的类别	损耗的原因	损耗的控制
10	销售的损耗	（1）计价错误导致的损耗 （2）磅秤不准导致的损耗 （3）商品包破损 （4）商品在销售过程中受到污染 （5）商品的正常变质/达到保质期	（1）熟记电子秤代码，正确计价 （2）校核磅秤 （3）包装损坏要及时收回，补包装、重包装或退还货 （4）销售区域的清洁卫生，人员卫生 （5）尽量满足商品陈列的要求，如温度等
11	销售的损耗	（1）点数不准，漏点、多点、误点实物库存 （2）数据抄写、录入的错误 （3）盘点的价格错误、计算错误	（1）提高盘点人员素质，加强复核 （2）规范数字写法，逐一登录 （3）核实最新成本
12	偷窃的损耗	（1）内部员工，促销人员偷窃、偷吃 （2）顾客的偷窃、偷吃 （3）老鼠的偷盗	（1）员工、促销人员的诚实教育 （2）加强内部举报防盗措施 （3）设置虫害防备装置

第二节　生鲜损耗防损

生鲜具有强大的集客功能，能给超市带来大量客流，是超市非常重要的商品种类。生鲜很重要，可生鲜经营又确实很难做好。

一、超市生鲜经营的损耗控制

（一）超市生鲜经营的损耗定义

虽然"损耗"一词在超市和生鲜经营业内被频繁使用，但理解各异。有的超市经营者把损耗理解为失窃损失；有的认为损耗还包括商品破损；但在生鲜经营中则将损耗界定为生鲜产品的丢弃物或废品。

　　对于损耗的不同理解及描述或偏或全，都反映出企业各不相同的管理理念和认识水平，由此也引出了各种不同的管理措施和控制方法，而损耗管理和控制的效果也会迥然不同。

　　美国食品营销协会《超市防盗手册》对超市的损耗有如下定义：损耗是店铺接收货物时的商品零售值与售出后获取的零售值之间的差额。这样看来，损耗产生的原因就不仅限于前述的理解，损耗应该是由于盗窃、损坏及其他因素共同引起的。这个定义比较着重损耗在价值上的综合体现。

　　损耗控制涉及超市管理的许多方面，需要防损、储运和各有关管理部门共同协作。因此，全面、准确地理解损耗在超市经营中的含义，有助于放宽思路，归纳分析生鲜经营中产生损耗的条件和原因，从整个管理体系上入手，寻找改进管理的办法。

（二）生鲜损耗防损的特点

　　由于生鲜经营的特殊性和复杂性，损耗在经营过程中极易发生，损耗控制（包括经营成本控制）业绩取决于整个生鲜区的运作状况和经营管理水平，反过来又在很大程度上影响着生鲜区乃至整个超市的盈亏兴衰。如不能有效抑制损耗就会直接侵蚀超市的纯利润，所以生鲜经营部门有时也被视为成本控制部门，由此可见损耗及成本控制对生鲜经营的重要性。正是由于生鲜区诸多相关管理难题解决的程度不同，才导致各企业在生鲜经营效果方面的差异。

二、生鲜经营中日常产生损耗的原因

（一）超市生鲜损失的分析

　　生鲜食品之所以成为超市的一大卖点，除了产生较高利润外，更以保质、保量、保鲜吸引了大批顾客。与此同时，生鲜食品的损耗也令卖场的经营者颇伤脑筋。加强对生鲜食品的防损耗管理不容忽视。选准生鲜降损切入点损失管理是一个永恒的话题，生鲜食品的特性为保质期短、易腐烂而不易存放，因此，超市生鲜食品降耗管理要从不同角度选择切入点。

　　通常，超市生鲜食品经营中所说的损失有两种：直接损失，如降价、废弃、遭窃、运输、保管损失等；间接损失，如因缺货而丧失销售佳机或因信息不准而导致难以量化的损失。

　　在损失管理过程中，经营者都有一个共同的感受，那就是直接损失与间接损失在一定的时段内，两者之间存在着此消彼长的关系，当直接损失下降时，便是间接损失上升之际；反之，间接损失概率减少之际，亦是直接损失概率增加之时。

（二）生鲜商品损耗的具体原因

在生鲜区所经营的多属于非标准、保存条件特殊的商品，再加上现场产品生产加工所涉及的管理过程和环节比一般商品烦琐复杂得多，需要管理控制的关键点增加，如果供、存、产、销之间的衔接协调不当，产生损耗的环节自然就多，损耗的原因分述如下：

1. 生产责任的原因

（1）产品品质。部分由超市自行生产的产品质量达不到出品标准要求，而造成减价和报废所致的损失。

（2）工作疏忽造成损坏。由于员工工作疏忽大意导致设备和原料损坏。

（3）产品卫生问题。生产环境卫生达不到标准，影响了品质及其外观，最终影响销售。

（4）设备保养、使用不当。由于设备养护和使用不当，设备达不到原定的正常使用寿命而提前报废退役，或者加大了设备运行成本。

（5）生产正常损耗。是指在产品加工过程中由于水分散失或工具沾带等原因造成的一定比例的损耗，这是所有损耗中唯一可视为合理的损耗。

2. 管理的原因

（1）变价商品没有正确或及时处理。由于生鲜商品因鲜度和品质不同，致使价格变化比较频繁，如果管理不到位，变价商品得不到及时、准确的处理，就会产生不必要的商品或价格损失。

（2）店内调用商品没有登记建账。生鲜经营各部门之间常会发生商品和原料相互调用的情况，如果各部门的有关调用未建账或记录不完整，就会在盘点账面上出现较大的误差，造成库存流失。

（3）盘点误差。在生鲜盘点工作中，由于管理无序，或盘点准备不充分，对于盘点的误差不能及时查明原因，必然会出现常见的盘点误差损失。

（4）订货不准。生鲜部门订货管理人员对商品销售规律把握不准或工作不够细致，原材料或外购商品订货过量，往往无法退换或逾期保存而造成商品或减价损耗。

（5）员工班次调整。在员工班次调整期间，由于新的岗位需要一段适应时间，损耗在这个阶段属于高发期。

3. 后仓管理的原因

（1）有效期管理不当。生鲜商品和原料需要进行严格的有效期管理，做到

"先进先出"，如果管理不当，就会出现较大的损失。

（2）仓管商品和原料保存不当而变质。由于生鲜商品和原料保存环境和温、湿度条件达不到要求，也会造成变质损失。

（3）设备故障导致变质。因冷藏、冷冻陈列和储存设备运转不正常或出现故障，导致变质损失。

（4）破损、索赔商品管理不当。破损及索赔商品在待赔期间管理不当，发生丢失等，将无法继续获取赔偿。

4. 销售前区管理的原因

（1）标价错误。生鲜销售区的商品标价错误，包括各种价格标签、POP 和品名等错误，造成售价损失。

（2）顾客索赔退换损失。因顾客对商品投诉出现的退、换货损失。

5. 其他原因

（1）管理操作标准问题。在生鲜管理中，必须建立一套严格的管理和生产操作标准，确保加工制作程序无误，才能生产出足够数量的合格产品，损耗的发生多与管理操作标准的制定和执行水平相关。

（2）产品管理问题。生鲜产品经营中保持供、存、产、销之间的动态平衡关系是生鲜区经营管理的关键，但由于人为原因和外界因素影响，同时管理相当数量的商品和原料也并非易事，如果把握不当或经验不足，损耗和积压往往频繁出现。

（3）人为因素。在生产过程中发生意外事故以及偷吃偷拿、有意打错价格标签的员工故意行为。

在经营过程中真正弄清这些原因，认真分析和积累经验，损耗的"黑洞"就会逐渐变得可以透视和控制，损耗控制的回报将从利润增加中反映出来。

三、生鲜损耗的分类

生鲜损耗，可以分为两大类。

（一）正常损耗

生鲜商品随着时间的流逝导致的变质、腐败，还有在销售过程中的磨损。也就是由于顾客挑选时的不文明举动，导致水果、蔬菜碰伤以致损耗。

（二）管理损耗

一般水果都有一些枝叶，玉米还有叶片包裹。而消费者挑选时有可能将其扒掉或去除，而在进货时这部分枝叶的重量是被算在成本里的，无形中就造成损耗。可以将这部分理解为非正常损耗，也就是可以通过各种努力避免或者尽可能降低损耗的地方。具体划分为 7 小类：

1. 进货损耗

在进货的时候，检查货物的品质不严，供应商以次充好，或者搬运过程中因为操作不当造成的。本地水果蔬菜还好，如果是外地调来的自采商品，会遇到供应商将几件坏货，或者其他种类水果混装进来的情况。如果是一手交钱一手拿货的情况，货款两清，不能退货，在验收时候又没有发现，就只能当作损耗处理。所以应与外地供应商建立长期合作关系，一旦发现问题可以退换货。

2. 顾客遗弃的生鲜商品没有及时回收

有时候顾客挑选好的商品，临到付款的时候又因为种种原因不买了，丢在一边，我们把这种商品叫"孤儿商品"。"孤儿商品"不及时放回原处，特别是生鲜类的冷冻水产，会因为温度过高导致腐败。

3. 库存损耗

因为进货量过大，而销售又没有预期的目标。过剩积压造成损耗，这种情况占到生鲜损耗的大部分。生鲜商品的销售时间从十几天到几天不等，如果进货过多，一时间无法销售出去，就是亏损，责任就在于生鲜部门人员在预估销售时没有科学地计算、安排。

4. 工程维护

因为没有及时对冷藏设备进行保修、维护，造成停机、停电而造成的损耗。这种情况不多见，但也会发生。

5. 偷盗

顾客和员工的偷盗。后面章节有介绍，这里不再具体说明。

6. 鼠害

由于保管不当，每天都会有各种食品等遭到鼠咬。鼠害造成的损失是一大难题。

7. 营业员

生鲜商品的价格千差万别，同样是苹果，国外进口的和国内的就差别很多。有时糊涂的过秤营业员就不会区分，有些顾客恶意地混装苹果，碰上糊涂的过秤营业员就蒙混过去。

四、生鲜各环节损耗的控制

生鲜的损耗无所不在，流程中的每个环节都可能产生损耗。采购、订货、验收、搬运、储存、加工、陈列等一系列细节都必须注意，否则生鲜的损耗对毛利的影响很大。在采购与供应商交易时，采购必须彻底了解商品规格、等级、鲜度及价格，才能让供应商了解经营者的需求，并提供符合条件的商品给超市。

1. 采购环节

假如供应商不明白采购的需求，提供的商品不符合超市销售，而采购又将这批商品买回去的话，损耗就开始发生了。所以采购人员不仅要会买商品，更重要的是要会卖商品，要充分了解超市的消费者需要什么样的生鲜商品。假如超市位于高档消费区内，那么采购应该采买质量好的商品。因为顾客注意的是质量，而非价格。假如超市位于低消费区内，采购就应该买次等规格、等级，但鲜度好的商品，因为很多顾客比较在意价格高低，对于其他条件的要求相对较低。由此可见，采购的专业能力对损耗而言很重要，采购人员不得不慎重地了解超市顾客的需求。

2. 订货环节

订货原则是以销制订，也就是预估明天销多少，就订多少，再加上安全库存减去当日库存即可。那么如何知道明天大概会销多少量呢，要从以下几个方面把握：

（1）看历史销量、去年此时的销量、昨天的销量、上周的销量等。

（2）看等级规格及价格并进行市场调查后，视商品销售力度订货。

（3）是否为促销品。是惊爆品，还是一般促销品。

（4）是否为季节商品。是季节商品者，要大量陈列。

（5）是否为节假日。若是节假日要加大订货量。

（6）看天气预报。若恶劣气候会影响产区作物或运输作业，就要多订货。若只是一般雨天，来客数会下降，订货要保守些。

（7）病虫害。如禽流感、非典等会影响销售。

（8）媒体报道。如瘦肉精、注水肉、毒韭菜等，会影响销售。

（9）当日库存数量。每日必须盘点才能知道正确的库存数量，了解库存数量，订货才能准确。

3. 安全库存

（1）准备应付临时的销售或送货不及时的措施。

（2）其他如库存空间的大小、是否为新品上市、是否耐储存等因素都必须仔细考虑，才能把订货作业做好。若把货订多了，损耗就产生了。

（3）超市订货工作应该由主管级以上人员来做，但是很多超市都由员工来订货甚至由促销员订货，由于员工与促销员没有订货概念，蒙着眼就下订货单，也不管销量，也不管库存，所以损耗就居高不下，更不用谈毛利了。

4. 验收环节

生鲜商品的质量受湿度、温度、时间及受污染程度而呈现曲线性的劣变，温度过高或过低、湿度过高或过低、时间拖得愈久、受污染的程度愈高，品质就愈差。生鲜的验收标准不好确定，它不像食品等有一个很明显的界限去区分好或不好，所以就很容易造成生鲜验收的损耗。

要防止验收损耗必须从以下两方面入手：

（1）验收者必须具有专业经验。一般超市验收工作由收货部来执行，但收货部门人员对生鲜不够专业，要如何验收生鲜品的品质呢。建议由生鲜部门的专业人员来验收生鲜品的品质，而收货部验收数量较合适。

（2）由于生鲜品受来源、温度、气候、品种、时间等因素的影响而产生品质变化，需要采购充分了解货源、产地、批发市场等整体品质，再将异常品质情况告知验收者，才能将产销部门的品质标准达成共识，而让符合品质要求的生鲜品进入超市，避免品质不合格的商品滥竽充数，而造成损耗。

5. 搬运的损耗

有些生鲜品的特性是不耐堆叠、碰撞或掉落的，如草莓、木瓜、香蕉、梨、叶菜、西红柿等，尤其是包装箱不牢固者，在搬运过程要更加留意，避免堆叠太高或方式不对，造成外箱压损或粗心的搬运引起商品掉下的损耗。一般蔬果轻微外伤一时看不出来，但经过半天之后，就开始出现明显伤痕，损耗就出现了。

6. 储存的损耗

生鲜品有一明显特性就是生命周期很短，一般只有 1～2 天的保质期，所以商品在仓库的存放管理就显得非常重要，商品入库首先要标明日期，无论用书写方式还是以颜色来区分，产品包装箱上都必须标示入库日期；其次，必须遵守先进先出原则，也就是进货日期久的要先使用。在冷库内必须隔墙离地，以利通风保持均匀低温。商品堆放要分类，才容易找到要先出的商品。不可堵塞出风口，以防温度上升，鲜度下降。另外，要定时记录库温、分开储存、保持库内清洁等以防止损耗发生。

7. 加工的损耗

加工作业必须遵守加工作业标准。

（1）在蔬果部分，如清洗、降温、分级、包装、称重等作业；在配菜部分，如食谱名称、食材配方、食材重量、食材切割、食材放置、包装方式等作业。

（2）精肉部分，如分割下刀部位、切割形状、切割厚度、放置室温时间、包装重量、包装方式等作业。

（3）熟食部分，如配方比例、原料处理、烹调方式、烹调时间、烹调温度等作业。

以上这些作业标准都必须以书面方式公布，用来培训员工并作为员工加工作业标准的依据。若加工作业没有标准，每次做出来的成品外观、口味、色泽都不一样，顾客还会购买吗？做出来的成品卖不出去，就是损耗。

8. 陈列的损耗

（1）陈列必须注意商品的稳定性，商品堆得过高、斜度过大或没护栏保护，很容易让商品掉落地面，造成损耗。陈列设备不当，如与商品的接触面过于尖锐、温度过高或过低，也会造成损耗；陈列量不当，如陈列量过少，顾客认为是选剩品所以不购买。陈列量过大，超出可销售的最大量，都会造成损耗；陈列位置不当，无法吸引顾客的视线，销售受到影响所造成的损耗。

（2）其他的损耗。

1）未及时变价的损耗。

2）员工或顾客偷窃的损耗。

3）磅秤错误的损耗、良品谎报弃品的损耗。

4）标价错误的损耗等。

由以上产生损耗的种种原因可知，生鲜经营必须注重细节，要彻底执行部门的标准，否则损耗将会处处找"麻烦"。经营生鲜，不可不慎。

9. 生鲜经营损耗控制经验

（1）损耗目标管理，如果没有实现损耗目标控制，就要查找原因。大家共同订下损耗目标，以此为激励和约束，并且定期评估。

（2）库存控制、产销平衡。

（3）自营的生产数量与销售数量必须保持平衡，即陈列保证丰富的量感，库存又不能超越、积压。

（4）适时折价、减价。

（5）生鲜经营因鲜度是有时间性的，通常早上一个价，下午又是一个价。有些超市推出"晚七五折"、"晚七八折"或"晚七买一送一"的生鲜促销活动。即每天超过晚上七点以后，生鲜区的蔬菜、面包、熟食打折出售，销售效果很不错。

（6）低温控制。在精肉、鲜鱼等区域，温度的设定对鲜度影响很大。正常情况下，冷藏库最好控制在0℃左右，冷冻库最好控制在-18℃以下。鱼肉陈列柜的温度应维持在-2℃~2℃，蔬果在5℃~8℃，日配、熟食（冷食）则以2℃~5℃为宜。熟食（热食）在50℃~60℃。

（7）湿度控制。如叶菜类需在100%湿度下保存最好，水果要80%~90%，鱼肉类要70%~80%，太干燥不利生鲜保鲜。

（8）设备检查、维护。超市投资中，主要集中在生鲜部门。生鲜设备的正常使用和维护，又是影响其产品质量的物质条件。在日常工作中，一定要落实专人负责，定点定时巡回检查、查核，特别是冷冻冷藏设备，每天都要作三次温度检查记录。其他设备至少每天要求作运行记录，发现问题，及时维护。

（9）做好生鲜产品二次开发工作。

1）所谓生鲜产品的二次加工和深度开发，就是将即将过期卖不掉的商品，提前回收，转到其他生鲜部门去加工成熟食制品、半成品配菜，或者其他促销赠品，这方面的转化品种较多，毛利也大一些。

2）生鲜品二次加工和品种深度开发可以归入适当的部门，以便灵活经营促成良好的转换，这是经常被忽略，却有助于降低生鲜损耗的方法。例如：

①切片面包可转制为面包干、三明治。

②蔬菜水果可转制为各式配菜、快餐、果盘、果汁。

③肉类可转制为调理肉、半成品肉菜。

④水产品可转制为半成品配菜等。

3）在有效期内的鱼、肉类可做成配菜；或在有效期内的肉类可转化成肉丸、绞肉、汉堡等。蔬果可制成果汁。生鲜半成品配菜也可正常转化成熟食品，又如调味鱼块炸成熟食块，是灵活经营，防止损耗的有效方法，但要在有效期内，一定要控制好鲜度、品质。

（10）有效期管理解决方法。生鲜商品的有效期管理是一项十分烦琐，但又必须要认真对待的工作。有效期管理无序必将导致大量产品过期损耗，在这项工作中有几点细节需要考虑：

1）安排专人整理货架，明确岗位责任或班组责任制。

2）所有产品的封口纸颜色隔日交替使用，如单日为红、双日为绿等。

3）建立严格的有效期管理工作检查和复查制度。

（11）作业规范化、标准化。制定相关的操作流程及规范，明确各岗位的权利和义务。另外，制作生鲜各类商品的验收标准表，区分精肉类、鲜鱼、日配、蔬果、干货、烘焙食品、熟食及原料、耗材等，逐项明列，验收货部门严格把关。

损耗控制管理。

1）所有废弃的生鲜品，必须按类别进行登记后才可扔掉（填报损单，部门经理级以上主管及防损或商管确认）。

2）每次盘点时，对损耗过大品项，要进行原因分析且管控。

3）损耗率应控制在公司规定的范围内，鲜鱼报损率标准5%以下。

4）对于损耗责任归属，个人或部门经理要理清，且要与薪资或绩效挂钩，损耗过大要减薪。

五、生鲜作业防损管理

1. 标准要明确

重点为生鲜食品的验收标准，可分肉类、水产、干货（土特产）、蔬菜、水果、烘焙食品、熟食及原材料、耗材等分别制定，由收货部门严格把关。

2. 产销要平衡

大、中型综合超市自产品牌食品的生产数量与销售量必须随时衔接，既保证必要的数量，又不能造成积压。

3. 生态转换

这在生鲜食品经营中非常重要。如快要死去的鱼类，可剖成生鲜配菜，蔬菜、水果可制成果汁、果盘或配菜，肉类可加工成肉丸、肉馅等。生鲜品—半成品配菜—熟食品的正常转化，是灵活经营、防止损耗的有效方法，但一定要控制鲜度、品质。

4. 对生鲜食品重点管理是获取利润的基础

生鲜食品种类繁多，不同类别的生鲜食品价值和易损程度是有区别的，因此，在经营管理运作中，既不能眉毛胡子一把抓，也不能捡了芝麻丢西瓜，而要有所侧重。

（1）应用20/80分析法对生鲜食品进行优选，将那些利润率高、损失率低、销售额比重大的界定为主力商品，进行重点管理。对那些利润低、损失率较高、销售额比重小的界定为非主力商品，进行一般管理。

（2）有的超市将生鲜食品分为A、B、C三类，分别采取不同的管理方式。

A类商品。实行重点控制，定时定量采购。

B类商品。实行一般控制，适时进行调整。

C类商品。实行简单控制，即时售弃转换。确定生鲜食品管理重点的基础是交叉分析，既要看损失率，又要看销售额比重。

（3）一般超市为了提高生鲜食品配送中心加工作业的效率，大都采取一次加工、集中配送的模式，这种模式的一个致命弱点是较难确定一个准确的加工量，以保证各卖场既无剩货又不缺货。所以在这一模式下，无论直接损失还是间接损失，损失率都会很高。

要降低损失率，重点要放在控制配送中心加工作业的进度上，变一次加工为多次加工，变集中低频率配送为高频率配送。应当指出的是，在运营中要尽量控制加工配送成本的增加，针对不同类别的商品采取不同的加工方式，对重点商品（A 类商品）实施多次加工、高频率配送，对非重点商品（B 类、C 类商品）采取一次加工、集中配送的模式。

说到重点管理，除上述 ABC 分类方法外，还应注意三个方面的问题。一是实行目标管理，大多数超市都有店内的损耗指标，遗憾的是很多超市生鲜部门并没有将指标进行分解细化。大量经营生鲜食品成功的超市以目标为激励和约束，定期评估，动员全员参与，不失为一种降损行之有效的办法。二是进行存货控制。三是实行朝夕价格，根据不同销售时段，进行适时减价是一种降损的选择。

第三节　陈列、收货产生的损耗及控制

一、陈列不当产生的损耗及预防

（一）商品陈列不当产生的损耗现象

（1）商品陈列面过大，销售不佳，占用过多的排面和资金。

（2）堆放时间过长而造成商品质量下降。

（二）解决的办法

（1）陈列时，注意商品的陈列安全，对价格高、易损耗商品不能陈列过多和过高。销售佳、价格低且不易造成损耗的商品可加大陈列面，保质期长的商品可多陈列一些。

（2）对销售不佳及对营业额或毛利额贡献不大或无贡献的商品应及时作清场处理。

（3）注意整体环境的温度和湿度管理。如巧克力之类的商品高温下可能融化，冷却后就改变了原来的形状，甚至发生变质。

（4）在整理商品排面时，如发现有不小心破损的商品，或有时是顾客很想知道里面是什么而将其包装撕破扔在一边的商品，又或者是夜间老鼠咬破的商品，必须将这部分商品及时挑选出来，以免影响其他商品的质量和顾客的购买欲望。

（5）货架顶端的商品不宜存放过多，以免给正在行走的顾客一种压抑感。

（三）商品的温度管理

温度应根据商品的要求而分类设定。

（1）冰品、冷冻食品等，必须陈列在 −18℃ 的冷冻展示柜中。

（2）奶品、豆制品、配菜等商品必须陈列在 0℃ ~2℃ 的冷藏展示柜中。

（3）果品、蔬菜类商品应陈列于 5℃ ~8℃ 的展示柜中。

（4）水产类与畜产类商品应陈列在 −2℃ ~0℃ 的展示柜中。

二、收发货错误产生的损耗及预防

（一）收货、退货过程中造成的损耗

收货、退货过程中造成损耗的几种常见情况如下：

1. 店面验收不当产生的损耗

（1）验收不当产生损耗的原因。

1）商品验收数量不准确。

2）收到品质不合格的商品或伪劣商品。

3）收到条形码错误的商品。

4）商品包装或规格不符合要求。

5）收到过期或即将过期的商品。

6）商品验收后没有及时入库，造成商品流失或重复入库。

7）验收时错把价值低的商品当价值高的商品验收。

（2）在进货接收时应采取的措施。

1）对照直接供货价格，检查供货单据的成本和零售价格，如果发现不一致的地方立刻向部门主管汇报。

2）如果发现供货商的单据上所显示的品名、重量、规格、有效期、数量与实际验收不一致，应在供货商的单据上进行修改注明，并要求供货商签字。

3）经常发生供货错误的供应商都应被替换，特别是发生供货商偷盗卖场物品的情况。

4）对已经验收过的商品一定要及时入库交卖场各部门验收。

5）发现并阻止未经认可的商品进入卖场。

6）如果在验货时发现已损坏或过期变质以及与单据不符的商品应在单据上注明没收，并将这些货物搬出收货区。

2. 不准确进货的原因

（1）不诚实的直接送货到店面的供货商涂改送货单上的数据进行欺诈。

（2）店面的收货员参与供货商的欺诈行为而获得供应商给予的好处。如礼物、现金、吃请等。

（3）不诚实供货商行骗的方法。

1）计数不准确。

2）增加"销售"，供应商从商场中取走库存商品没办理任何手续，从而在表面上增加其销售量。

3）供货中缺斤少两。

4）不新鲜食品。

5）偷盗。

6）重复验收。

3. 退、换或报损不当产生损耗的原因

（1）退货不当。

1）商品退货数量不准确。

2）把价值高的商品当价值低的商品退给供应商。

3）把不属于此供应商的商品错误地退给该供应商。

4）欠供应商的货款小于退货金额。

5）退货时未办理正式的退货手续，没有与财务、信息结合，造成货已退而无货款扣或未减库存。

（2）内外勾结等。

1）内部员工和供货商内外勾结或者供应商擅自操作，造成退货单没有经财务核算而直接将退货商品带出，导致货已退而无货款可扣。

2）超越退货的限制，将合格商品以好充次退给供应商而使公司蒙受损失。

3）退、换商品没有经过检查而带出，也许其在数量、重量、规格上存在差距，一般是退出去得多，退货单据上的数据小，以货换货指的是拿出去的多，换回来得少。

4）员工将好的商品或者将好的商品弄坏后其品质不变，然后采取报损的方法交索赔部，随后又以低价位购买。

5）报损的商品没有经过正常手续填写报损单或者填写了报损单后并没有交到公司而是私自处理。

6）所有退、换货及报损的单据被别人利用，或者没有相关责任人的签名。

4. 防范措施（收货口防损员责任）

（1）严格控制好所有单据，防止被居心不良的人利用，检查任何外出的商品的合法手续及相关责任人。

（2）在单据合法的前提下，检查所有退、换货及报损商品的数量、重量及价格是否与单据上的一致。

（3）换货的原则必须坚持以同等价格、规格、数量、重量的商品换取新的商品（一般生鲜食品），最重要的是其总价值必须一致。

5. 防范措施（收货口防损员责任）

（1）检查报损单据是否合法、是否与实物一致，必须跟踪检查报损的商品是否交收货科。

（2）卖场内各部门腐烂、受损及失效的商品应及时办理退换货及报损手续，并和供货商联系，一般是在下次供货商送货时办理退货手续。

（3）检查所有外带的垃圾及废弃物，防止夹带。

（4）收货部无人值班或者下班后，任何人均不得将此类商品以退换货和报损的理由带出。

（二）通过程序控制收、退货作业时的损耗

怎样通过正确的工作程序来降低在收、退货作业时的损耗，具体如下：

（1）对收货员要定期进行商品知识培训，以免有假冒伪劣商品进入卖场。

（2）要求供应商送货人员，把商品整理分类清楚，并在指定区域卸货。

（3）清点数量时不要让供应商人员清点。

（4）不能让供应商人员直接送货至仓库和卖场。

（5）收货员在验收货物时，一名收货员一次只允许验收一个供应商的货物。不能同时验收两个或两个以上供应商的货物，以免分散精力造成错误。

（6）验收每批货物时，必须通过"收货员（理货员）验收→仓库防损员抽验"的过程。只有两个部门的人员清点的数量相同时，才可确认收货数量。

（7）验收完毕的货物应立即送仓库或卖场，以免被盗。

（8）对散箱、破箱的商品要进行拆包、开箱查验，并核点实数。

（9）对贵重的商品要拆箱、拆包逐一验收。凡属专柜的商品必须由专人接收。

（10）散装、称重的商品，验收完毕后要由本超市的收货员用本单位的计量工具称重，并减去皮重，以此重量为最终重量。

（11）冷冻、冷藏的商品，验收完毕后要立即放进冷藏柜保存或售卖，以免商品变质。

（12）接收货物时要按订单验收，以免造成库存积压。

（13）接受每份订货单时，要核对订货单的收货地点、日期、单位名称，确保该订单是本单位的。

（14）商品的退货程序要严格按照本单位的规章制度去办理。

（三）如何严把食品质量关

1. 进货验收

验货员在验收商品时，要严把品质关，按国家的有关规定标准验收，在验收食品时应注意的事项有：

（1）核对商品与订货单的商品名称、包装规格、计量单位是否一致。

（2）检查包装品质是否合格。

（3）要求每个售卖单上要注明生产日期、生产厂址、执行标准、食品生产许可证号、保质期限等。

（4）进口食品要求提供食品卫生检验证明及激光标签等。

（5）验收时，商品的生产日期自收货日计，不能超过保质期的1/3。

2. 货架验收

各商品部门在对商品进行入库和陈列时，要按订货单再次进行核对。

3. 补货检验

（1）各理货员在平时的补货过程中，必须坚持"先进先出"的原则。

（2）按照进货验收的标准再次对每样商品进行检查。

第四节　门店各部门防损重点及控制

一、防损部门

1. 烟酒、高档、日杂等部门

（1）在装卸、上货架时对易碎的商品要轻拿轻放。

（2）高档商品必须设专人看管、设立专柜。

（3）烟酒商品要注意防潮、避免挤压变形。

（4）对塑料瓶、易拉罐、纸包装的商品，注意不要挤压，或用硬物划伤瓶体，防止瓶体破裂。

（5）如发现顾客在未交款之前使用商品，应及时劝其到就近款台去结款。

2. 日杂区

（1）洗衣粉等商品的包装袋易破口，因此不要过分挤压，如发现物体漏出，要及时清理。避免弄脏其他商品。

（2）香皂、牙膏等商品易被顾客弄破包装，导致无法继续售卖，因此要加强此类商品的监管力度。

（3）纸类商品易被开破，甚至被偷用，在取此类商品时不要用力过大，另外要保持干燥、整洁。

（4）如发现商品（香皂、洗衣粉等）被拆包装，可用双面胶粘住，或采取其他措施及时进行补救。

（5）装卸时，注意检查木排的钉子，不要将商品放在钉子上，避免划破包装袋。

（6）一定要在高档化妆品上粘贴防盗签，并加大监管力度，防止商品被顾客试用后不能售卖。

（7）对受损的尚能使用的商品要及时报损，以便合理处理该商品，最大限度地减少损失。

3. 米面食品区

（1）袋装的米、醋、酱油易破袋，注意不要过分挤压，如发现商品有漏出，要及时清理，避免弄脏其他商品。

（2）罐头等商品的瓶体易破损，因此要轻拿轻放，并且摆放整齐，防止商品被摔坏。

（3）饼干、山楂片等商品容易碎，要注意防止顾客将商品弄碎。

（4）防止顾客偷吃散货，另外散台旁边经常有散货掉出，要及时清理。

（5）榨菜、肉罐头、果酱等商品的保质期相对本部门其他商品较短，因此要注意此类商品的保质期。

（6）要防止干货、糖等商品受潮。

（7）防止盒装商品受到挤压而损坏外包装。

4. 冰柜冷藏区

（1）因许多商品需要低温保存，要特别注意立封柜、冰岛、冷库制冷设备的运转情况，如发现异常现象应及时通知设备组。

（2）每天要仔细检查商品（尤其是面包、奶制品等变质的商品）是否在保质期内。

（3）如发现有人偷喝酸奶、钙奶等商品，要及时制止并监督其到就近款台结款。

（4）对于临近保质期的商品要及时退货，否则过了保质期就只能报损，造成不必要的损失。

（5）及时将顾客丢弃的冷冻商品（尤其是冷冻水饺类商品）放回原位，继续售卖。

5. 玻璃制品、不锈钢制品区

（1）玻璃制品、陶瓷制品易碎，要轻拿轻放防止商品受损，如发现货架和地上有破碎的商品要及时清扫，防止破碎品伤人。

（2）要注意高压锅等商品的配件是否齐全，同时要注意防止表面被划伤。

（3）要注意防止碰掉脸盆、饭盆等陶瓷制品表面的釉子。

（4）摆放刀具时，要注意保护刀刃，防止其磕碰后卷刃。

（5）小勺等商品的条码易脱落，要注意检查。

6. 音像、图书、文化用品区

（1）要在光盘等音像制品上粘贴防盗签。

（2）保持图书的整洁。

（3）对玻璃相架、陶瓷艺术品等商品，要轻拿轻放、防止破损。

（4）要防止图书、笔、本等商品的表面被划伤。

（5）要防止笔、相册、笔记本的商品的内芯脱落丢失。

7. 家电区

（1）在装卸、搬运和上货架时，一定要小心、谨慎，不要使商品受到任何损坏。

（2）从高架取货进行叉车作业时，要注意人员和商品的安全，叉车要带有护栏，并且有员工指挥。

（3）注意不要丢失一些小零件、小配件。

（4）注意电源、电线的安全，不要使其超负荷工作，避免电线过热，发生短路或引起火灾，如发现异常现象，要及时通知设备处。

（5）多数商品需要有人介绍，因此员工、促销员不能脱岗聊天，一定要热情、详细地为顾客作介绍。

（6）在为顾客送货的过程中，要注意商品的安全，不要在途中使商品受到任何损坏。

8. 百货区小五金家电、玩具区

（1）灯泡类商品易破损，要轻拿轻放，防止商品受损，如有破损，要及时清理，避免伤人。

（2）注意高级电动玩具、台灯等商品的安全，防止受损。

（3）注意装卸、搬运家具时不要使其被硬物划伤。

（4）要在高级皮包上加防盗扣，并注意不要划伤表面。

（5）要注意不要丢失水嘴、锁具等商品的配件。

（6）玩具类商品易被顾客玩弄变脏，因此要及时打扫，保持其表面干净。

（7）发现顾客在地上玩玩具或拍球，要及时制止，避免弄脏弄坏商品。

9. 纺织、服装、鞋帽区

（1）对卫生要求较高，因此要保持商品货架地面的洁净。

（2）发现商品开包后，要及时封住，防止弄脏里面的商品。

（3）毛巾等商品上的条码易脱落，因此要注意检查。

（4）注意不要将被子类商品的表面划伤。

（5）袜子等商品的种类、型号较多，因此价签指示要准确。

（6）要在高档服装、鞋帽上加防盗扣，并注意不要将商品划伤。

（7）商品的种类较多、型号较多，价签要指示准确。

（8）鞋类商品的条码易脱落，要注意检查。

（9）员工和促销员要热情地为顾客做好介绍，并且防止有人故意将衣服、皮鞋划伤。

二、店内部门间调拨

（一）调拨前

1. 调入方

（1）使用"部门间商品调拨单"，单据一式两联。

（2）与调出部门联系，或通过电脑查询存货状况。

（3）由调出部门调拨商品时填写"部门间商品调拨单"。

（4）调入部门主管、区长签字审批。

（5）交给调出部门主管核准，店长签字确认。

1）第一联调入方保存。

2）第二联交给调出方。

2．调出方

根据调拨单第二联商品规格、数量清点商品，通知调入方提货。

（二）商品调拨过程

（1）双方核实后在调拨单上签字，并注明"商品已调拨"。

（2）调入方领取商品。

（三）单据处理

（1）调拨单存放在商品—调拨单文件夹。

（2）调入方将调拨单及附件（商品清单）转交财务部。

（3）财务部审核单价金额及有关人员签章，同时编制会计分录，反映调出部门商品库存的减少，调入部门商品库存的增加。

（4）店内调拨以进价核算。

三、店间调拨流程

店间调拨是指门店间相互调剂商品，以应付商品临时短缺。

（一）调拨前工作

调拨单由财务部统一印制，相关部门到财务部领取，按流水号领用，登记。

1．调入方

（1）事前与调出方协商，了解存货状况。

（2）调入方执行人填写"商品店间调拨单"，一式两份。

（3）交部门主管、副店长、财务经理确认签字。

（4）传真给调出方，并确定调货时间。

（5）安排人员实施调货。

2．调出方

（1）收到"商品店间调拨单"传真件。

（2）交财务部签字确认，店长审批签字。

（3）复印一份交给部门员工备货，并送到收货部暂存区。

（4）并将调拨单传真件送到收货部。

（二）调拨过程

（1）调入方出示调拨单原件，调出方对照传真件。

（2）收货部员工检查调出商品规格、数量，签字确认。

（3）防损员核查调拨单、商品规格与数量。

（4）无误后在"商品店间调拨单"上由相关部门主管、执行人签字。

（5）第二联交调入方，同时商品调出。

（6）第一联交调出方。

（三）调拨后

（1）调出方将"商品店间调拨单"交电脑部制单。

（2）连同电脑单返回相关部门。

（3）"商品店间调拨单"归档到商品调拨单文件夹。

（4）核对后，交财务。

（5）调入方将调拨单第二联连同商品交到本店收货部。

（6）收货部办理收货手续。

（7）"商品店间调拨单"归档到商品调拨单文件夹。

四、试衣间工作程序

1. 当顾客需要试衣时

（1）员工仔细且礼貌地检查商品件数。

（2）顾客进入试衣间前发放标有数量的试衣牌。

（3）提醒顾客丢失试衣牌要赔偿。

（4）顾客试衣后，根据试衣牌复查商品数量。

（5）取回试衣牌。

2. 当顾客需要更改时

（1）修改前。

1）顾客。

①付款，从收银台取得小票。

②拿小票到服务中心换取修改单（一式两联）。

③填写修改单（顾客姓名、日期、小票号和要求）。

2）服务中心。

①服务员将商品放入袋中，封死，并将第一联和小票订在袋上。

②第二联给顾客保留。

③通知部门营业员取走袋子。

④防损员检查签字。

（2）修改完毕后。

1）营业员将货物和单据送回服务中心。

2）防损员检查签字。

3. 当顾客回来取货时

员工须知：

（1）服务员核实商品和小票号。

（2）第二联（含日期和顾客签名）的背面盖章，并收回。

（3）商品放进为试衣间特制的塑料袋中，小票封在袋子上。

（4）将袋子交给顾客。

第三章　超市内部防损

第一节　内部员工不诚实行为

一、内部员工不诚实行为的分析

超市损耗，其中内部损耗占超市总损耗的比例最高，尤其以员工偷窃所遭受的损失最大。即使在零售业发达的美国也是如此，说明超市内部防损是超市防损工作的重点。

（一）内盗的定义

内部员工（包括促销员）通过不正当的手段，私自侵吞和占有公司的财物和现金。

（二）超市失窃损失构成

超市经营失败的原因很多，其中尤以商品经营损失为首，由于超市是开放式经营，失窃率非常高，经营者往往防不胜防。国外发达国家和地区超市在总结失窃的原因时归纳为：店外小偷盗窃达35%；店员的内盗达39%；行政错误达20%；供应商欺诈达6%，如图3－1所示。

从失窃的比重看，以店员内部员工盗窃率为最高，达39%。

（三）员工偷窃的特点

尽管有威慑程序及控制措施，员工偷窃的现象仍然会发生。员工盗窃的动机与方法各不相同，但员工不诚实的后果却是一致的——造成损失。员工偷窃与顾客偷窃是有区别的，顾客偷窃往往是直接拿取商品而不结账。而员工偷窃则有多

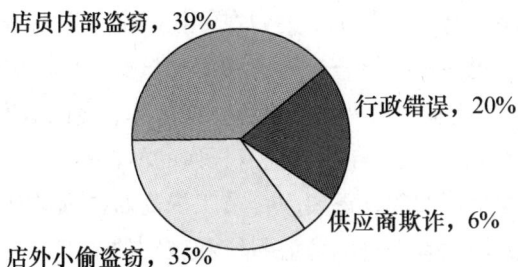

店员内部盗窃，39%

行政错误，20%

供应商欺诈，6%

店外小偷盗窃，35%

图3-1　超市商品损失原因比例

种表现形态，如内部勾结，监守自盗，直接拿取货款，利用上下班或夜间工作直接拿取商品等，防不胜防。员工不诚实和偷窃是防损部尤为重点防范和必须处理的领域，该领域既敏感又棘手，预防及强制措施都应给予重视。

（1）员工偷窃的机会远远大于超市偷窃嫌疑人，员工偷窃与其说是冲动行为，不如说是典型的周密的计划行窃。单独偷窃的员工也有，但经常可以发现员工之间串通行为，根据经验，一个员工偷窃得手后最普通的特点是引发其他员工仿效。

（2）发生员工偷窃时，各种正常的政策与程序已被违反，找出早期的不诚实行为迹象，报告及跟踪这些违规行为，捉拿不诚实的员工。

（3）防损员工应该牢牢记住，没有人能独自胜任这项工作，只有增强全体员工包括管理人员的防损意识，紧密联系、共同防范才能成功。

（4）监控设备是辨识及打击内部偷窃者的得力助手，大家应该了解这套设备及其多种用途，充分利用现代监控的优势，进行全天候监控录像，起到十分重要的阻吓作用。

（5）员工不诚实行为可能发生在商场的任何角落，尤其是下列区域：前台收银区、边区收银台、顾客服务处（退换货服务区）、收货区域、蔬果区域、熟食区域。

（四）内盗防损的重要性

员工是防损关键，完善超市的防损工作，仅仅依赖先进的防盗系统是不够的，还需要有一批素质较高、诚实可靠的员工。前面提到内盗所造成的损失程度要高于外盗的损失，这充分说明，防内盗与防外盗同样重要。诚实的员工对超市有着双重的好处，既可避免和减少内盗现象的发生，又能保证员工较好地完成商场的防止外盗工作。国外零售商十分注重员工诚实度，在挑选合格员工时，遵循极为严格的筛选程序，这些程序主要集中在：核实员工以前雇用史；多种方式访谈，推荐人的核查，犯罪史的核查；教育程度的核实；信誉调查。

对不诚实的员工，企业也有严格的措施，像国际著名的零售商沃尔玛采用的就是零容忍政策，不允许自己的员工对企业有任何的不忠实。

员工仅有忠诚度是不够的，还要教育员工提高对防损的认识。积极的防损策略就是设备＋管理。虽然有先进的防盗系统和诚实的员工，但国外零售商并不因此就高枕无忧了，还制定许多经常性的措施来提高员工对防损问题的关注，只有每一个员工的足够重视，才能确保商品损失降到最低。

二、员工犯罪分析

（一）内盗产生的原因

（1）店面的管理松懈、制度不健全，或者有令不行、有禁不止，使员工长期处于一种无约束的工作状态，从而诱发偷盗。

（2）经济上出现困难，特别是参赌、吸毒，收入无法弥补支出。

（3）结交社会上的一些不良人员。

（4）对出现内盗行为的员工，没有按规定处理或没有通报处理结果。

（5）觉得在公司受到不公正的待遇而进行报复。

（6）周围的人有偷窃行为，且未被发现。

（7）觉得偷盗的风险小，而怀着侥幸的心理偷盗。

（8）防损部对员工进出携带的物品管理不严或流于形式。

（9）管理人员或防损部门对现场巡视不到位。

（二）员工偷窃的常见行为

员工的内盗行为除外盗所采取的方法外，其行为更具有隐蔽性、长期性、方便性。员工偷窃的手段多种多样，防损部门需要在实际工作中不断积累经验。以下主要介绍一些内盗的常见行为。

（1）收银员给亲朋好友结账时不扫描或少扫描，或取消扫描过的商品，达到不付款的目的。

（2）收银员利用其他手段从收银机中盗窃公司钱款。

（3）前台收银和营运区员工串通合作，偷取商品。

（4）利用顾客未要的收银条进卖场骗取同样的商品。

（5）利用夜班补货，把一些小的商品夹藏在衣服里下班带走。如 CD 音像制品、办公用具等。

（6）利用工作之便把贵重的商品调换到价格低的包装里，如相同型号大小的电话机等。

（7）利用更换标签或包装，将贵重的商品以便宜的商品或价格结账。

（8）偷窃电器上面的某些配件，如遥控器、电池，使该商品造成缺损，做低价处理，自己找人购买。

（9）未经过正常的程序，故意将价格标低，使自己或朋友、亲属受益。

（10）验货人员与送货人员互相串通，收不合格的商品或少收商品，以及在数量、重量、价格上做文章。

（11）收货部索赔的员工利用退换货之际多带商品出去和维修商串通。

（12）收货部退货时多放商品退场，从供应商处拿取好处。

（13）熟食及鲜食处工作人员利用便利，多带食物而少打价钱。

（14）电子秤工作人员少打商品价格、重量及故意打错。

（15）偷吃食品或者办理相关手续私自将商品作为赠品、试用品给自己或顾客试吃、试用。

（16）偷拿商品、赠品、设备、原料供自己使用。

（17）与员工或外人勾结、策划、协助进行偷窃或进行一条龙的偷窃活动。

（18）直接偷窃公司商品、赠品、用品。

（19）直接偷窃公司同事的私人财务。

（20）未按有关程序而故意丢弃公司的商品，以逃避责任。

（21）私自将店面的文具、工具、用具拿来供自己使用。

（22）当班负责人利用退换货等手段偷窃公司钱款或盗窃其他员工工号偷取收银机钱款。

（23）接受供应商的回扣、礼品、招待、用餐、消费以及旅游等各种形式的馈赠。

（24）贪污公款，携款潜逃。

内部偷窃难以防范，且往往偷窃数目大，这就要从招聘、培训中选择品质好的人，为控制内偷现象，应发动群众，建立举报，派专人负责调查，对于进行私人目的诬陷者，一经发现应予以解除劳动合同。

三、员工犯罪行为的观察与控制

（一）内盗行为的观察

（1）人员交往情况复杂。

（2）个人消费异常，超出其经济承受能力。

（3）经常在上班时间外出，频繁到更衣室。

（4）单独在无人的地方逗留。

（5）因违纪受到处罚而心存不满。

（6）借取货之机在仓库长时间逗留。

（7）收银员为其亲友结账。

（8）收银员有大金额的短款行为。

（9）购买大包装商品，特意在其关系密切的收银员处结账。

（10）仓库、加工间、货架底部、储物柜藏有非本部门物品。

（11）员工与某顾客熟悉，并亲自为其挑选商品。

（12）员工外出未走规定的通道。

（13）员工表情过于紧张或异常。

（14）员工背包上下班或携带私人物品。

（15）把工作服裹在一起拿在手上。

（16）上班时间内到处走动。

（17）独自行动，不与其他员工集体行动。

（18）在负责区域隐藏非本部门商品的员工。

防范内盗是店面防损管理的重要环节，也是最敏感、最棘手的问题。实践证明，严格的内部管理是防止内盗最有效的途径。

（二）内盗行为的预防及控制

（1）加强对员工入职前的背景调查。

（2）留意部分员工的人员交往情况。

（3）经常性地对店面的死角场所、加工间、仓库、储物柜、更衣室进行突击性检查。

（4）对收银员的工作进行暗中测试。

（5）加强对员工购物行为的检查。

（6）加强对员工进出的管理，必须做到集中进出，尽量避免员工单独停留卖场。

（7）加强对卖场非营业时间的现场管理，定期更换锁具。

（8）建立内部秘密的信息员队伍，广泛收集关于内盗的信息。

（9）定期对长短款前几位的收银员进行调查，并在平时的工作中进行检查与跟踪。

（10）建立内盗举报制度，受理顾客、员工关于内盗方面的信息。

（11）对已查获的内盗行为，要从快从严处理，并及时通报。

（12）加强对夜间值班人员及送货人员的检查。

（13）加强对开关店的组织。

（14）严格执行各种商品进出管理规定，坚持"制度高于一切"的观念。

四、内盗的调查

条件许可的情况下，在指责员工不诚实行为之前应该与防损部经理联系，有防损部经理在场才能找涉嫌偷窃的员工谈话。请记住，公平地对待员工，尊重其人格和尊严。

（一）内部偷盗的防范

要针对员工经常进行法制教育，告诫员工凡是偷窃就涉及犯罪，勿生贪念，以免一失足成千古恨。

1. 开展员工预防教育

对员工进行从入职开始的不间断的教育工作，教育分正面、反面等多种方式，采用开会、板报、活动等多种方式，必须阐明如下：

（1）公司具备严格的管理制度和监视系统。

（2）公司对偷盗严厉打击的措施和处罚方法。

（3）员工应具备在本行业工作最基本的道德规范。

（4）员工因偷窃将给其带来严重的后果，包括承担刑事责任。

（5）偷盗不仅损害公司的利益，同时损害所有同事的利益与福利。

2. 实行内部举报制度

控制损耗是超市每一位员工的责任和工作内容。因此鼓励员工检举偷窃行为，调动员工的积极性，设立内部举报奖励制度。

（1）内部举报必须是实名举报，不接受匿名举报。超市对举报者的举报姓名、内容予以保密。

（2）设立举报电话和员工信箱，接受内部员工的举报。

（3）对于举报的查证，由防损部进行，在规定的时间内完成。

（4）对于举报经查证属实者，对举报者给予一定的经济奖励，根据举报案例所挽回的经济损失，具体决定奖励的数额。

3. 坚持内部安全调查

为严厉打击内盗，防损部每日都要进行安全调查。安全调查不仅是案件发生后或接到举报后进行的取证工作，也是日常工作中随时对正在进行的偷盗行为予以制止和查处的重要工作。

4. 严格的管理和检查制度

（1）严格特殊标签的管理程序。

（2）严格降价的执行程序。

（3）严格赠品的管理与发放程序。

（4）严格家电提货的检查和库存登记程序。

（5）严格贵重物品的收货以及台账程序。

（6）严格收银的退换货程序。

（7）严格现金的提取程序。

（8）严格各种人员、商品进出口的管理程序。

（9）严格试吃程序。

（10）严格夜班作业的开关门程序。

（11）严格员工的购物程序。

（12）仓库管理的有序、整洁。

（13）严格垃圾的处理程序。

5. 发现超市的隐蔽角落的空包装

在超市的隐蔽角落或夜班时，发现数量较多的空包装，必须进行报案，按内盗现象处理。

6. 空包装的处理

防损部对商品空包装进行登记后，统一送交报废小组进行报废损失程序，更改电脑库存。

7. 内部安全调查

安全调查不仅是案件发生后或接到举报后进行的取证工作，也是日常工作中随时对正在进行的偷盗行为予以制止和查处的重要工作。对员工以下一些异常迹象的警讯，需要提高警觉，防患于未然。

（1）员工背大包上下班。

（2）员工在工作时间内未从员工通道进出。

（3）员工在操作间、洗手间、电梯间吃东西，附近无管理人员在现场。

（4）在夜间作业的员工场所，发现较多的商品空包装。

（5）员工表情过于紧张或异样。

（6）员工与某顾客熟悉并亲自为其挑选商品。

（7）员工特意为某顾客到仓库取商品。

（8）员工在仓库对原包装商品进行更换包装。

（9）员工购买大包装商品。

（10）贵重商品的销售与电脑库存不能一一对应。

（11）家电的提货与收银小票的商品品名不符。

（12）员工特意在某收银机付款结账。

（13）收银员擅自离开岗位或未到下班时间中途下班。

（14）收银员执意要求上某一台收银机。

（15）某收银员经常有小差额的倾向。

（16）某收银员为其亲属、朋友结账。

（17）某收银员违反收银程序，如不扫描但进行商品消磁，或跳扫描。

（18）某收银员某一单有过多的作废或删除品项。

（19）某收银员有大金额的收银短账行为。

（二）如果有员工被举报或被发现有偷窃嫌疑

如果员工的诚实受到怀疑时，管理人员应该做到：

（1）立即与防损经理取得联系，不要与员工交谈，也不要与任何人谈论此事。

（2）找该员工的直接上级或者经常接触的人进行了解情况，以便证实举报的真实性或证实怀疑。

（3）严密监视其接触的人员及到过的场所，一旦时机成熟，立即展开调查。

（4）记住事实，保留证据，以便证实怀疑。

（5）如无足够的证据时，不要与任何人谈论此事，要暗中进行调查。

（6）不要与防损部经理、门店店长以外的任何人谈论偷窃的经过及情况。

（三）如果有员工行窃时被捉拿

（1）找回未付款的全部商品，等防损部处理。

（2）不要与员工交谈，不要责备，如果他主动承认，让他填写"陈述书"，注意此陈述书只有防损部经理或管理人员才可以使用。

（3）搜集与偷窃有关的全部证据，如条码、收银机收据、退货单等，按保护证据的程序进行。

（四）告诫

不要在与偷窃有关的这些材料上做任何标记以免改变其形状而可能使这些材料不能用来做证。

（1）防损部经理找偷窃员工谈话之前，管理人员有必要暂停雇用该员工。

（2）任何告发均由防损部经理、区域防损部主管经理受理，由防损部经理授权的人员有权进行调查处理。

（3）任何情况下均不能接受该员工付款或同意其作出赔偿，只有防损部经理及店长方可作出上述决定。

防损部定时找员工谈话和调查，其目的是了解员工的思想动态和有关事情，相信会有很多信息反馈出来，更利于防损部工作。

（五）内盗事件的善后工作

（1）每一起内盗事件都有其必然的因果关系。因此，店面领导及防损部应从中吸取教训，找出店面防损管理中的薄弱环节，防止今后发生类似案件。

（2）对嫌疑人无法确定其偷盗事实，但从各方面的信息反映该员工有很大的作案可能的，也可采取防范措施，将该员工调离原岗位或部门，并在今后的工作中加强跟踪调查。

五、处理证据与法庭做证

（一）内盗的处理程序

发现内盗现象→证据取证→确定当事人→谈话记录→处罚处理。

1. 发现内盗现象

通过内部举报、监控系统提供资料、防损员的发现等手段发现内盗现象。

2. 证据取证

根据内盗现象，进一步进行证据的核实、取证。

3. 确定当事人

确定盗窃的当事人，包括盗窃执行者、协助者、策划者等。

4. 谈话记录

与盗窃的当事人进行谈话记录，当面确认其盗窃行为，并深究其犯罪的原因与动机，并对当事人的不良行为进行在档记录。

5. 处罚处理

根据盗窃的性质，决定执行公司相应的处罚。

（二）处理证据

（1）找回所有被偷商品及偷窃嫌疑人偷盗拿走商品之后丢弃的商品封皮、包装盒、泡沫箱等包装材料，商品及其包装材料都作为证据保管。

（2）偷窃嫌疑人拿走丢弃的价目标签，不论其形状如何，都要找回，这一点在证实商品价格更改案件中至关重要。

（3）易烂物品的标签及包装材料也应作为证据予以保存。

（4）如果偷窃嫌疑人因掩藏物品或改动价格而只部分付款，找回收银机零售单储值卡的交易记录支票及其他与售货有关的资料作为证据予以保留。

（5）把有关证据装入本店防损部专用袋。

（6）用签字笔在袋面上写出物品的名称，详细列明袋内各样物品的数量，标上日期、时间和编号。

（7）把证据袋填写完毕后，装入柜子里存档。

（8）不论何种原因，证据被转移，均应在"证据登记表"中记明转移的日期、时间、目的及转移经办人的签名。

（9）对偷窃嫌疑人行窃的商品要进行拍照，如商品无破损，应交给超市的管理层放回售货区，并在"证据登记表"中注明和签收。

（10）证据保留在商场内，相关人员被传到庭为商场偷窃案做证时，必须带齐全部证据。

（三）如何到法庭做证

（1）出庭做证需通知防损部经理、超市管理人员。

（2）出庭时，衣着整洁端庄，给人留下好印象。

（3）不能与被告人或被告人律师交谈以免他们提供额外信息或引起争吵，即使主动与你说话，相关人员也不能与之交谈，切勿与他们争执。

（4）站在证人席时记住要：

1）陈述清晰以免被要求重复回答。

2）根据亲眼所见的情况做证，不要依据道听途说做证。

3）坚持陈述事实，相关人员自己的结论及假定不能作为证言。

如果不知道怎么回答所提的问题，直接说出来，如果听不到问题，礼貌地要求重复，如果对所提的问题不理解，直接说出来，不要与被告辩护斗智，这样不但不会取胜，而且还会损害自己的形象。回答问题要礼貌，直接且明确，不要陷入让被告辩护人惹恼激怒的圈套，辩护人的任务是试验自己的记忆力及可信度。

（四）内盗的处罚

1. 内盗的赔偿/解雇

所有内盗的人员，无论其盗窃的金额是多么少，商品是多么小，理由多么充分，一旦发现确实，一律予以立即解聘，并通过合法途径追回被盗的商品和要求赔偿盗窃的金额。

2. 内盗的司法处理

内盗的司法处理根据其盗窃行为情节的严重和金额的大小，移交司法机关处理。

3. 内盗事件的曝光

（1）所有内盗事件必须在处理后及时内部曝光，告知所有工作人员，起警诫和威慑作用。

（2）所有内盗事件的曝光不得公开盗窃者的私人资料，内盗事件的曝光只能在本公司范围内进行，不要在公共媒体上进行。

第二节　员工行为约束

一、内部员工管理

（一）员工购物制度

应当鼓励所有的员工在本店购物，可以促进本店的销售额。但员工购物必须遵守如下规定：

（1）员工选购商品只允许在规定的时间内进行，因特殊原因购买商品的必须征得店长或防损主管同意后方可进行。

（2）购物必须在卖场营业时间内进行，所有员工的包裹在进入和离开卖场时必须接受检查。

（3）员工在完成选购商品后，必须立即到指定的收银台付款，不得将商品存放在卖场任何区域或在非指定收银台结账。

（4）所有员工在工作时间内选购的商品必须从收银台带出，并主动接受防损部的检查。

（5）付完款的商品严禁带入卖场，因工作关系和特殊原因需带入的必须征得防损部同意并经登记后方可带入。

（6）任何员工不得利用职务之便抢购和预留特价商品，不得享受未提供给其他顾客的折扣和优惠。

（二）员工进出管理

所有工作人员进出卖场时必须走员工通道，并严格遵守以下规定：

（1）进出员工通道时必须佩戴工号牌，凡无证的需经过该员工的部门负责人证实后方可进入，否则防损员有权拒绝其进出。

（2）外出时不允许携带本店商品，进入时不准携带本店顾客入口处禁止携带的各种物品。

（3）员工上下班时必须做到集体进出，防损部对员工进出的路线要派人员监控，严禁任何人员单独私自在规定以外的地方停留。

（4）员工上下班必须打卡或登记，原则上班打卡后不得外出，下班打卡后不得再进入卖场。

（5）所有人员进入时必须禁烟。

（6）员工上下班时，防损员必须维护好现场秩序，在员工离开卖场时对随身携带的衣物、小件物品及手提袋等实施严格的检查。

（7）员工上班时间内临时外出，必须填写《临时外出单》交防损员查验后方可外出。如表 3 - 1 所示。

表 3 - 1　临时外出申请单

姓名			部门	
外出事由				
外出时间		回来时间		防损员	

（三）更衣室的管理

更衣室的管理由专人管理，定时开放，具体如下：

（1）更衣室的开放时间，依据店面的实际情况而定。除中午交接班开放时间为 40 分钟外，其他开放时间每次 20 分钟。除店面规定的时间外，其他时间更衣室不予开放。

（2）更衣柜原则上只允许存放衣物，严禁存放商品及赠品，经批准在本店购买的商品必须持收银条，经登记后方可存放。如表 3 - 2 所示。

表 3 - 2　更衣室存放物品登记表

姓名	部门	物品名称	数量	存放时间	防损员	取出时间	防损员

（3）如遇特殊情况需临时进入更衣室的，必须经部门负责人书面同意，并经防损部值班员检查、登记后方可进入，且在更衣室不得无故逗留，每次不得超

过 5 分钟。如表 3 - 3 所示。

表 3 - 3　员工进出更衣室登记表

部门	姓名	事由	进入时间	出来时间	防损员

（4）更衣室的钥匙由防损部持有保管，严禁闲杂人员进入更衣室。

（5）门店防损部必须不定时对更衣室进行检查，发现有未经登记的物品，一律予以没收，并按偷盗嫌疑进行处理。

（四）非营业时间的卖场管理规定

（1）适用范围。因工作关系提前进入卖场或推迟离开卖场的本单位工作人员和外来单位人员（公司组织的加班和盘点除外）。

（2）非营业时间范围。23：00～8：00（可以根据本单位的情况确定）。

（3）具体规定。凡在非营业时间提前进入或推迟离开卖场，必须由部门负责人提前向防损部申请。

（4）申请单一式两联。第一联防损部备案，第二联为出入凭证。非本店人员在完成上述申请手续后，必须到防损部领取出入证，并交押金（押金额可根据本单位情况确定）。

（5）申请单的有效期限和具体人员名单视实际工作需要由部门负责人核定。防损部有权拒绝名单以外的人员入内或滞留卖场。否则，由此产生的一切后果由该部门负责人承担。

（6）凡 3 人以上，部门负责人必须指定一名现场负责人，所有人员进出卖场时必须走指定的通道，并主动接受防损部检查，防损部专职夜班要严格检查并进行相关登记。

（7）所有人员在卖场内不得随意走动，不得超出其工作范围，不得在卖场内吸烟、吃零食，不得吃、拿使用店内商品，不准无故动用店内的设备。

二、非商品类物品的摆放

（一）非商品类物品的范围

清洁用具（抹布、水桶）、陈列用具（货架零件、梯子等）、运输工具（手工液压车、拖车等）、购物用品（购物车篮、购物袋等）、个人用品（水杯、笔记本等）、宣传用品（宣传画、POP）。

（二）非商品类物品的摆放

（1）按照"谁使用，谁负责"的原则。最后使用部门、个人负责其物品的摆放。

（2）按责任区域进行划分，在谁的责任区域就由谁负责。

（3）按工作职责进行划分，属于哪个部门的管理范围就由谁负责。如防损部负责的安全出口、收银部负责的收银台前后等。

（4）按责任部门的划分，平时归属哪个部门就由谁负责。如灭火器材属防损部、设备用具属行政部门等。

（5）所有物品的摆放必须由店面按实际情况统一规定摆放位置。严禁超出范围或随意摆放。因经营需要临时摆放的物品，事先必须通知防损部负责人。

《非商品类物品摆放参照表》如表3-4所示。

表3-4　非商品类物品摆放参照表

物品名称	责任部门	摆放位置	物品名称	责任部门	摆放位置
水杯	私人	更衣室、通道	笔记本	私人	随身
抹布、拖把、水桶	使用部门	小仓库、水池	拖车、液压车	行政人事科	收货处、仓库
灭火器材	防损部	按需要摆放	购物袋	收银部	各收银台
梯子、水桶、抹布	使用部门、行政部	小仓库	宣传画、POP	责任区域部门企划人员	按需要摆放

第三节　防范 POS 机的偷窃

一、收银防损

（一）收银员行为不当的损耗

超市的收银员作为现金作业的管理者，其行为不当也会造成很大的损耗。如收银员与顾客私交甚密，故意漏扫部分商品或私自键入较低价格抵充；收银员虚构退货私吞现金，以及商品特价时期已过，但收银员仍以特价销售等。

（二）少收的定义

少收是一种常见但最难发现的一种偷盗。少收意味着收银员在给顾客结账时故意登录比实际商品价钱少的金额。收银员往往要在收银机内登录一些金额，但总比实际的要少。

（三）少收的行为观察及防范

（1）监视正在给自己的朋友和亲人结账的收银员，或者顾客提着许多商品站在收银处专门等某一通道结账，尽管其他通道的人并不多。

（2）排长队通道的收银员，特别是当其他通道没人或人流转少时，以及有个别顾客拒绝去另一个顾客较少的通道结账时，如果怀疑这个收银员有少收的嫌疑，可以要求顾客去另一个收银台结账。

（3）遮住显示屏，不让顾客和检查人员看见其登录的数据。

（4）有的顾客手上只拿了很少的现金等着结账，而购物车、篮的商品价值远超过这个金额。

（5）估计平均一车（篮）商品的价格，这个方法可以用于确定这些商品相对接近的金额。

（6）观察留在或被放在收银通道下面能够传递给亲友的商品。

（7）检查登录过程和电脑小票。

（四）一些少收时也采用的方法

（1）收银员会撕下条码，把它贴在表带和手腕上，当商品经过扫描器时，不扫商品而扫手腕上的条码。

（2）收银员会选一种价格比较低的商品连续扫该商品的条码而放行其他商品。

（3）收银员会把一种商品放在另一种商品的上面，而只扫一个。

（4）顾客购买相似的商品，收银员会将便宜的进行连续扫描。

（5）顾客购买相同的商品多件而收银员只扫一件或少收几件，以此让顾客（亲友）得到实惠。

二、POS 机行窃的手段与防范

1. 借练习操作行窃

大多数电子收款机上都有训练系统供收银员练习，并允许进行无记录操作，因此，必须认真评价每一个系统以确定记录范围，对收银员使用训练系统的要求。

（1）收据上至少要在两处打上"作废"标志。

（2）用管理或检查键才可以进入该系统，并且练习的总数必须在检查记录上出现，必须像其他销售一样一并记录收款机累计账。

（3）所有的练习次数必须在总日志中单独记录。所有的日志记录和销售收据必须和其他记录一样，用同一方式记录以备将来检查，这一点是至关重要的防范措施。

（4）必须严格监督，防止用于少收、欺诈性交易收据或者其他的非法用途。

上述防范措施，能很好地避免收银员可能利用训练系统进行完全的转移，破坏日志记录从而导致没有商品登录记录。

2. 破坏读账

一个收款机有两个总账。读账即交易时的小计，在一定时间内被收银员和管理者读取，目的是确定某个特定收银员交易登录的总金额。

收银员上班从读账开始，下班以读账结束，中间休息和午餐也要读账，开始读账金额减去结束读账金额，即是收银员应该负责的总金额。

（1）一个工作日内，收银员有 4 次或更多的读账：开始；第一次休息；午餐；第二次休息；结束。

1）快下班平账时，收银员从读账里取出一部分，删除它们，然后拿走相应数量的钱。

2）其他有责任平账的人，如出纳、管理者或其他收银员也同样可以拿走相应数量的钱。

3）收银员在不同的收银通道操作，应有通道记录，以确定收银员在哪个通道。

（2）发生删除后，唯一的记录只能保留在"×"读账、收银员摘要和交易明细上，要防止有人实施这种偷盗，破坏这些文件。

（3）控制方法。

1）控制键盘钥匙，所有的检查键，优先读账键或者其他能够读取收款总额的键都必须严格管理。

2）有序地分配收银通道，收银员的移动必须是连续的、有规律可循的，这样就可以确定谁该在哪个收银通道。

3）做好日常收款记录的详细目录。制造一个程序来跟踪所有收款机的交易明细，因为它是偷盗者第一个要毁掉的记录，能越早确认交易明细的遗失，调查开始就越及时。

4）监督总账明细，这个明细账要列出所有收款机的日交易量和累计交易量。同时，也要包括所有的练习和下网的次数。切记，用手工书写的总账必须以收款机所产生的实际读账为依据。

5）严把收款机周检查报告关。这个报告是所有收款机的详细目录。它包括连续号、型号、收款机位置和最后的总额读账。因此，必须加强对这个目录的重视程度。一些处于修理状态的收款机很容易被非法利用，它的记录一旦被破坏，钱就会被偷走。

3. 等额交易

这是指顾客结账时交的钱和商品价格相等，主要发生在快速结账或只收现金的通道，通常顾客非常着急，不会等着购物小票，这类交易额的钱是最有机会偷窃的，因为小票是记录之一。钱可能被作为长款放入收款机内，也可能被收银员马上拿走。收银员可以在任何通道或在结任何数量的商品时使用这种方法，很简单，只要不输入最后一笔商品，收银员可以对顾客说忘了输最后一笔商品，接着用手工把它加在顾客的购物小票上，这样，顾客虽然有了手工添加的商品金额，而收银员却得到了相同数量的长款。这种偷窃时，收银员也会有一个会计过程，并在方便和安全的时候，将钱偷走，对付这种及其他长款类型的偷盗，最好的办法就是突然地不定期地检查收款机。

4. 零或无交易

这是指不往收款机内输入金额可不制造有记录的交易而让收款机运行。此种偷盗可以通过两条途径来完成：①敲收款机上的"无交易键"。②只使用部门键而不使用金额键。

当然，以上这两条途径的实现必须建立在允许使用部门键或零键来驱动收款机，允许没有交易额而输入数字的基础上。况且，这是在收银员认为应该制造点儿声音来减少注意时使用的。如当管理人员在周围巡视或有其他顾客特别注意收款时，顾客的钱被作为长款放入收款机，然后被拿走，当然，购物小票一般是不给顾客而是被收银员扔掉。快速收银通道和现金交易通道最容易产生这类偷盗行为。

5. 等额退款

这是指商品被退回时给顾客开具退货凭证，商品却又按原价用退货券再卖出去。可能的前提是，必须把商品输入然后再退款来平现金账。当然，没有输入商品而是用退现金来代替合法交易，这样，收银员就制造了长款，形成偷盗。值得注意的是，除非被抓住，否则是不可能防范的。唯一的办法只好用诚实的收银员来代替被怀疑的收银员，要不就是使用退款确认系统，通过送给顾客的退货卡来确认退货。同时必须收回购物小票，而且这也是确定商品是在本店销售的唯一途径。

6. 不按销售键

严禁无销售操作而结算。如果收银员在录单结算时不按"销售"键，此笔交易就没有保存，也没有小票打印，此种情况容易发生在某些顾客不介意小票的作用或单一商品销售时。收银员也可利用此漏洞与顾客或收银员本人的亲人或朋友串通作案。防范的措施一是必须保证每笔交易有小票打印；二是收银员不能长期在一个门店工作和不能在自己的家庭所在地门店工作。

7. 故意切断电源

严禁收银员在交易进行中故意切断电源，造成数据不能保存。

8. 利用掌握的登录密码虚构退货窃取钱款

主管人员或收银人员利用虚假的顾客退货窃取钱款。防范措施有顾客退货时，必须交验收银小票，退货单只能有值班长与退货顾客的签字，签字小票交财务核查备案。

收银交款时只能以前台报表为准，并加上交款双方的签字，附损益表，财务按报表收款，并将表单存档。

9. 其他利用 POS 机偷盗方法

（1）发现某个顾客用涂改液盖住价签，使条码扫描器不能正常工作，这样与收银员串通就可以用手登录较低的价钱。

（2）发现某个顾客随意地挑选大量商品，特别是单价高的商品，这也是用假支票购物的人常用的手法。他们对价格并不感兴趣，只关心结果。

（3）顾客选取两个相似的单价高的商品，与收银员各得一个。

（4）顾客推着一辆或多辆装满商品的购物车站在收银台前专门等着在某一条通道结账。收银员也许站在收款机后借口看一下钱包或支票本，其实在观察动手的机会。

（5）某收银员借口替换另一个收银员，其用意多是谋私。

（6）监视排长队的通道收银员，特别是当其他通道没有人或者个别顾客拒绝去另一个顾客较少的通道结账时。

（7）观察到单独一笔价钱高的商品被登录。

（8）遮住顾客监视器或收款机屏幕。

（9）顾客仅拿一张小面额钞票等着结账，给收银员一个事先安排好的信号，其敲进远高于顾客手拿钞票面值的全部商品，却只收了这张钞票。估算一下平均一包商品大约的金额。这个技术可以用于确定这些商品相近的总额。观察留下或被放在收银通道下面能够传递给亲友的商品。

（10）顾客抱怨其他顾客结账时占了便宜。

（11）错误、堵塞或撕毁交易明细，收银员都清楚交易明细是查明偷盗的直接证据。

（12）收银员使用的扫描器的比率很低，这意味着用手敲入了太多的商品。

（13）在交易明细上特殊的少收方式有如下几种：

1）一个或多个取消命令被用于减少正常的登录，这样，可以让偶然看见的人认为是正常登录的机会，尤其是在扫描时完成取消更容易。

2）在这种交易中也可用大量的折扣券来减少交易额，而对收银员来说，有利之处是从表面上看似正常登录。

3）以一串相同价格登录的少收方式，这种一串式登录主要发生在代码部分和金额部分。

4）该种串式登录的原因是收银员在登录商品时都有一个节奏，这个节奏稍有中断对别人来说都是很明显的，收银员不可能花时间去想每种商品的价格，他们会连着登录几个相同的价格，以保持节奏的连续性，直到想起新的金额。

5）收银员没有登录上元的金额，这对不诚实的收银员来说，是最好的少收方式，因为不用费心去想价格，只是简单地在商品价格一栏登录分，节奏和敲键的连续性都可以保持，这种登录最常用的借口是收款机出故障，不能打印或加入单位元。

第四节　内部其他防损

一、费用报销程序

（一）目的、原则

明确费用使用、报销过程，提高效率。

（二）过程

1. 先付款

（1）用款人填写"申请单"，作出预算费用。

（2）报部门经理/财务部经理/店长审批。

（3）填写"借款单"。

（4）交部门经理审批/财务部会计处审核。

（5）财务部经理审批。

（6）店长审批。

（7）返回到会计。

（8）会计通知用款人领取现金。

（9）费用支出后，填写"费用报销单"。

（10）交给部门经理审批/财务会计审核。

（11）财务经理审批。

（12）店长批准签字。

（13）返回到财务会计，通知报销人结算。

（14）附件。借款单，费用报销单。

2. 货到后付款

（1）填写申购物品清单（合同），包括预算金额。

（2）交给部门经理审批/财务会计审核。

（3）财务部经理审批。

（4）店长批准签字。

（5）向供货商发出订单。

（6）到货后，使用部门经理/收货部门经理签字验收。

（7）填写"费用报销单"，后附申购物品清单（合同副本）。

（8）部门经理审批/财务会计审核。

（9）财务部经理审批。

（10）店长批准签字。

（11）返回到核算会计，通知报销人领款。

（12）领款人在报销单上签字。

二、残损商品的损耗及预防

（一）残损商品产生的原因

（1）顾客拆封。

（2）故意破坏。

（3）顾客盗窃后剩余的商品。

（4）处理商品时不慎损坏。

（5）选购和付账时商品滚落地面造成破损。

（6）包装不良。

（7）其他原因。

（二）残损商品的范围

1. 按种类分

商品破损、短缺、质次、标识不全、变质、计量不足、假冒伪劣、"三无"商品、超保质期、不能食用等。

2. 按流转环节分

进卖场前（包括采购部下订单、配送中心、卖场内仓）和进卖场后（上架前和上架后）两部分。

3. 按残损程度分

可以退换和不可以退换，可以降价销售和不可以降价销售。

（三）残损商品管理职责

按商品流转环节，残损商品发生在哪个流转环节，就由哪个部门（包括采购部、配送中心、卖场）负责管理。

1. 采购部负责处理

（1）质次、假冒、伪劣、"三无"商品。

（2）进配送中心三天内发现的破损、短缺、变质、超保质期、临近保质期商品。

对上述两种商品负责退调、削价、报废处理，并承担经济损失责任。

2. 配送中心负责处理

商品送至卖场，验收时发现：

（1）残损、短缺、质次商品。

（2）储存过程中发现的残损和临近保质期商品。

（3）商品送至卖场内仓后三天之内发现质次、超报警线的商品。

对以上三种商品负责退调和报损，并承担经济损失责任。

3. 卖场店面部门负责解决

（1）直送商品流转过程中的残损商品。

（2）上架后的破损、短缺商品。

（3）上架前后，超保质期和变质商品。

（4）上架前后人为造成的破损和无使用价值商品。

（5）商品售后发现的变质或不能食用、不能使用商品。

对以上五种商品负责退调、削价、报废处理，并承担经济损失责任。

（四）残损商品处理原则

（1）包装残损仍可食用或有使用价值的商品，经处理后可以上架销售的，应立即整理封口，继续上架销售，减少商品损耗。

（2）凡因质次、假冒伪劣、"三无"商品，供货商运输造成破损、短缺和低于临近保质天数的商品，均应办理退调。

（3）对不能退换的残损商品，根据规定的权限，分别作削价或报废处理。

（4）解决的办法。

1）应每日整理，避免堆积过多或任意丢弃。

2）尽可能进行再次包装销售。

3）如果破损（破包）面积不大可进行再销售的商品，店面应及时降价做内部处理。如不影响商品质量和外观的，应重新包装销售。

4）因员工自身原因造成的商品破损应由该员工购买。

5）商品价格较高、破损面积不大，可进行再销售的可与供应商联系后采取换货或退货处理。

6）破损商品不能再次销售且无法退换的应作报损处理。

三、商品报废程序

（一）定义

商品报废是指不能销售的物品（如损坏、溅漏等），营业人员必须从销售区、收银台、客服中心等地收集并扔弃。然后，辨识出"易受影响"的商品分类，并修正理论库存和毛利。

（二）目标

商品报废进程每天必须执行。规定统一时间，用来维持电脑系统中的正确库存量。

（三）营业部门职责

（1）安排一块独立区存放不能销售的物品（收货区旁有指示牌明确指示）。所有明确的物品将安置并存放在一定区域，所有单品按部门分类。

（2）用扫描机扫描单品的条码，输入实际扔弃物品的数量。核对输入的数量是否正确，然后存盘并打印商品报废报告，其复印件必须由部门主管签字，并交营业部和防损部存档。

（3）每日、每周、每月，按商品体系级别评估商品报废（按进价）。

如果商品报废超过预估，详细说明并建立改进行动计划。

（四）防损部职责

（1）根据商品报废报告检查所处理单品的准确和详细资料。

任何决策同意并签字前，必须 100% 复查。

（2）如果有任何矛盾立即同部门主管调查。

1）核对数量 <（小于）实际数量。

①营业人员扫描差异数量，并打印附加商品报废报告表明同先前报告的差异。

②有 2 份商品报废报告时，防损部必须都签字。

2）核对数量 >（大于）实际数量。营业人员在商品报废报告上修改成正确数量（易辨识）后，交防损部检查签字。

（3）在得到营业人员的证实后，封存处理物品直到其被销毁。

（4）检查处理垃圾从卸货区到垃圾箱的移动过程。如果有压土机，所有食品、蔬菜及易变质的物品包括罐头食品，将被堆放和压碎。

（五）输单员职责

每日将商品报废报告送交电脑部输单员。

（1）如无误，且所有商品报废报告都已签字，输单员存档。

（2）如核对数量 > 实际数量，根据修正的商品报废报告修改库存。

（3）打印库存调整报告，并与商品报废报告装订在一起。

（六）财务部职责

每日将商品报废报告按部门公告在库存控管告示板上。

每周，按商品报废编码列印库存调整报告，累加汇总金额以调控管理损耗。

四、促销变价产生的损耗及预防

（一）促销变价产生损耗的现象

（1）未经授权、未经登录私自采取的促销或擅自延长促销时间且促销商品为库存商品。

（2）合同规定的变价期限已过而未及时恢复原价。

（3）电子秤调价与后台电脑不符。

（二）处理原则

（1）超市各部门负责人应经常检查所属部门的促销、变价商品的实效性和合法性。

（2）收银台要对店面的促销、变价商品进行统计，发现与实际不符的现象要及时与商品部门取得联系。

（3）电脑部要对各种促销、变价的时效性进行跟踪，及时修改相关数据。

五、防供应商偷盗

（一）供应商偷盗定义

（1）由供应商派驻超市的促销人员，因偷盗而引起的处罚同"内盗"一样。

（2）将已经收货完毕的商品，重新按未收货点数。

（3）利用收货员的疏忽，趁机偷盗商场的商品。

（4）在收货员称重时，进行作弊行为。

（5）私自丢弃应属于退货的生鲜食品等。

（二）供应商偷盗手段

（1）利用收货时进行偷盗超市商品。

（2）利用收货时在商品的数量、重量上进行作弊。

（三）供应商偷盗防范

（1）防损员的检查。

1）防损员严格对供应商的进出进行控管，对进出携带的物品进行检查核实。

2）不允许供应商人员进入内仓。

（2）严格的管理制度。

（3）由收货人员将已经收货、未收货的商品按区域严格分开实行全过程收货操作。

（4）由店面操作人员与收货人员共同配合，做好每日生鲜食品的退换货工作。

（四）供应商偷盗处理程序

发现偷盗→调查取证→通知采购部→赔偿损失→处罚。

1. 发现偷盗

由收货人员、防损人员或店面人员发现供应商偷盗。

2. 调查取证

防损人员对事件进行调查取证，特别是供应商现场偷窃人员的书面对证。

3. 通知采购部

事件及有关的证据提交到采购部。

4. 赔偿损失

由门店提出赔偿的数额的材料提交采购部，由采购部进行执行。

5. 处罚

凡是发生偷盗现象的供应商，可考虑与其中断合作关系，并要求因此而给超市造成的预计损失进行赔偿，对已经造成的损失进行赔偿。

第四章　超市偷窃犯罪防范

第一节　顾客偷窃的预防

一、顾客偷窃行为的分析

顾客偷窃的损耗，约占超市总损耗的 35%，因此不得不防。在超市偷窃的主要有两类：一是一念之差做出的错误行为；二是职业偷窃行为。

（一）一念之差的偷窃

大多数顾客偷窃商品是见财起意，为了占便宜。如有的没钱又想要，又觉得花钱不值；有的是看到超市没有太多人看管，就抱着侥幸的心理；还有的是为生活所迫，偷点日常生活用品。

（二）职业性偷窃行为

职业性偷窃行为，大多是以偷窃超市商品为职业，他们一般以高档商品为作案目标，如听装奶粉、营养品、洗发水、化妆品；还有的是受酒精、毒品的刺激，见什么就偷什么；而小孩的作案目标一般是以文具、玩具、小食品等便于隐藏的商品。

应该认识到，超市的工作即使做得再好，也会有偷窃现象的发生，在控制偷窃方面，超市防损的主要工作是预防，这需要全体员工的共同参与。实践证明，优质的顾客服务是预防偷窃最有效的途径。因为一个人从产生偷窃的想法到实施这一行为需要一个过程，如果这时超市员工适时地加以善意的提醒，并给予一定的主动服务，偷窃者也许会打消偷窃念头或中止偷窃，同时因为员工的介入，偷窃者这时也失去了作案的机会。

也许偷窃嫌疑人第一次作案是和自己的家人或亲朋好友一起，以增加自己的勇气，一旦第一次偷窃成功，往往会形成继续作案的想法，同时也会告诉自己的亲朋好友一起来偷。这种现象在学生中十分普遍。很少有偷窃嫌疑人会承认自己是第二次偷窃，除非超市已经记住他（她）或有确凿的证据。也有部分偷窃嫌疑人在第一次行窃时被抓、被罚，从而产生强烈的报复心理，以后经常来超市，想尽一切办法去偷，以挽回自己的经济损失。因此，对这部分人超市要密切关注。

作为超市的员工均有责任防止商品被人偷窃，但应该学会保护自己，不要在捉拿偷窃嫌疑人的过程中受到伤害，捉拿偷窃嫌疑人的应该是防损人员，员工有义务举报有偷窃行为的嫌疑人。

二、偷窃的定义及行为

（一）偷窃的定义

未经允许拿走属于超市里任何有价值的物品，有意剥夺超市对该商品的拥有权。

（二）偷窃行为的两大要素

（1）拿走超市的商品，并隐藏了商品。

（2）不按实际价格付款（换包装、标签）。

当有人从卖场拿走商品不付款时，超市有权收回，然而一个人忘记付款，不属于偷窃。忘记付款和有意偷窃，必须有一个明确的界定。

（三）外盗的特点

偷窃嫌疑人作案最原始的手段是随身隐藏，但为了达到最大利益或为了降低作案风险，他们往往会使用一些作案工具，如空箱、报纸、雨伞、婴儿车、特制的衣裤等。

偷窃嫌疑人给店面带来的损失是显而易见的，如表 4 - 1 所示。可以看出，预防和打击外盗是摆在超市员工面前的重要课题。

三、外盗的观察与控制

防损员首先必须对顾客有一个初步的判断，谁是真正的顾客，谁是偷窃嫌疑人。

表4−1　某超市因偷窃造成的损失

顾客人数/周	偷窃人数（按1%计）（人）	平均损失（元）	周损失（元）	年损失（万元）	抵消损失所需的销售额（以1%计）（万元）	以2%纯利润计（万元）
30000	300	15	4500	23.4	2340	1170
20000	200	15	3000	15.6	1560	780
10000	100	15	1500	7.8	780	390
8000	80	15	120	6.24	624	312

（一）控制偷窃嫌疑人的四个要素

（1）必须看到嫌疑人拿走了本店商品，并且知道是哪个部门的哪种商品。

（2）必须看到嫌疑人隐藏了商品，并且知道此人将商品放置的地点、位置。

（3）必须从嫌疑人拿了商品到捉拿的这段时间进行100%的视线跟踪，并知道此人没有将商品丢在卖场其他地方或进行转移。

（4）必须看到此人走出收银台没有付款，并最终确认。

这时才可肯定他（她）是有意偷窃方可上前捉拿。

（二）对偷窃嫌疑人的观察

（1）大晴天带雨伞入店的顾客，一些小的物品会很方便的放进伞罩内。

（2）那些携带大型手提包、袋，又不愿寄存的顾客。

（3）在温暖的天气里却穿着很多特别宽松且臃肿衣服的顾客。

（4）携带报纸和杂志的人，因为可以卷起隐藏一些较小或扁平的商品。

（5）那些提着本店或其他超市购物袋的顾客。

（6）那些推婴儿车或背婴儿的顾客。

（7）那些拆开包装、取出商品反复比较的人。

（8）出现在仓库、办公室、加工房里面或门口的陌生人。

（9）成帮结伙进卖场后又分散的人。

（10）那些从敞开的口袋里慢慢抽出手的人，也许商品刚被隐藏。

（11）短时间内多次进出卖场或一天之内多次出现的人。

（12）购物不用车、篮，把商品拿在手上到处闲逛的人，特别是一些商品体积小、价值高。

（13）那些两手空空、腋下紧夹一手带通过收银台的人。

（14）将外套搭在手臂上的人。

（15）在一个地方徘徊不定或多次出现的人。

（16）看起来精神紧张的顾客，可能是初次作案。

（17）那些将敞口手提包放在购物车、篮的人，他们会趁选购商品之机，将商品放进包里。

（18）故意将商品给小孩，利用小孩无知将商品带出收银台或吃掉。

（19）购买的商品与身份不符。

（20）购买商品不加选择，大量盲目地购买。

（三）易发生盗窃事件的时机和商品

超市的所有部门区域，任何时机都有可能发生盗窃事件，只是程度不同而已。有的偷窃者会把这个区域的商品拿到另一个区域进行隐藏。因此，超市的每个部门在每个时间段对各个区域可能发生的偷窃行为要时常保持警惕。

1. 易发生偷窃事件的时机

（1）开、关店。

（2）员工就餐时间。

（3）交接班。

（4）节假日或客流量大。

（5）学校放假。

（6）天气变冷。

（7）收银台排队。

2. 易被盗商品

（1）洗发水、化妆品。

（2）纺织品（内衣、裤）。

（3）休闲小食品。

（4）营养品。

（5）文具、玩具。

四、店面预防控制措施

（一）店面及防损部的预防控制措施

在预防和控制外盗方面，店面领导及防损部应发挥主导作用，可将以下几个方面运用到实际工作中：

1. 顾客偷窃的表现

（1）顾客携带该店内包装购物，将商品私自装入袋中，不予结账。

（2）顾客将商品放入口袋中，以大衣遮掩。

（3）顾客在场内直接食用，不予结账。

（4）顾客将价格标签调换，高价商品价签被换成低价标签。

（5）几人一起购物，相互掩护偷窃商品。

2. 预防措施

（1）控制顾客携带大型背包、手提袋和商品入场。

（2）控制顾客从入口处出卖场。

（3）经常运用防损安全广播进行宣扬。

（4）定期进行模拟反扒演习。

（5）加强就餐时间的值班安排，保证卖场有足够的人员值班。

（6）在客流量大时，管理人员应放下手头的工作，到卖场巡视。

（7）保证卖场的干净、整洁、光线充足、商品整齐堆放。

（8）晚上营业必须有管理人员值班。

（9）收银台顾客较多时，必须派人支援打包。

（10）对有条件的商品进行防盗处理（安装防盗扣、胶布加固）。

（11）对一些易损坏、易被偷吃、易拆开包装的商品应贴提示标语。

（12）对举报外盗行为，经防损部查处的，按规定公开给予奖励。

（13）对新进员工进行防盗培训。

（14）在卖场内显眼处张贴防损标语。

（15）加强卖场巡视，与当地派出所工作人员在卖场内公开巡视。

最重要的手段是加强门店的服务水平，培养员工主动服务的意识。

（二）收银台的防范措施

（1）观察从收银台经过的顾客是否携带有商品。对携带有商品和包装袋，但无明显付款行为的顾客，应主动提醒结账，防止顾客蒙混过关。

（2）仔细检查每个购物车、篮的底部是否遗留有商品，并观察顾客的身上及随行的小孩是否穿有或携带有本店的商品，包括收银台下面。

（3）检查商品的包装、标签是否完好无损，防止标签和包装被换，如果有疑问，立即通知防损员进行查询。

（4）检查有包装盒、袋的商品，防止商品被夹带，检查的范围包括能容纳其他商品的商品。

（5）检查能拆开包装的商品，进行商品扫描时，应拆开包装看商品是否被调换。

（6）收银员在结账时，应注意实物与电脑显示是否一致，防止条码和标签有误，不能以其他商品的条码代替。

（7）捆绑销售的商品要检查商品数量和规格是否与实际一致。

（8）收银员必须熟悉买、赠商品和各部门促销信息，防止出现扫描和买、赠错误。

（9）检查散装商品及现场称重商品的数量和名称是否一致，封口是否完好无损。

（10）禁止购物完毕的顾客和员工提着商品进入卖场，如顾客有其他购物需要，要求其将商品带出收银台，寄存后再进入卖场。

（11）在为顾客结账时，不要受外界干扰，防止后面的顾客将一些未付款的商品递给前面的人。

（12）当看到小孩或顾客本人在等待结账的过程中吃、喝商品时，应及时有礼貌地制止，并确保该顾客最终付款。

（13）收银员要及时清理顾客遗弃在收银台的商品，生鲜和冷冻商品要及时归位。

（14）在没有顾客结账时，收银员要注意观察收银台前面的小商品和通道。

（15）如果怀疑一名顾客偷盗，应保持冷静与礼貌，并可试探性地问顾客："请问，您还有未付款的商品吗?"

（16）如出现已输单而顾客不要某商品的现象，必须通知收银台防损员检查，并签字确认。

（三）商品部门的防范措施

（1）最重要的是优质服务，在顾客经过时微笑以目示意，以此建立与顾客的联系。

（2）工作中要站在货架的两头可扫视排面的地方，如果有顾客在一个地方长时间徘徊或短时间多次出现，应上前询问是否需要帮助。

（3）在客流量较大时，应停止补货或清洁，注意观察周围情况，如有异常应立即报告部门负责人或防损员；如有事离开应委托附近同事巡视。

（4）留心用购物袋选购商品的顾客，不论购物袋是本店还是外商场的。此时应递上购物篮提醒顾客使用。

（5）注意那些把商品拿在手上到处闲逛的顾客，特别是那些商品体积小、价值高、极易隐藏的。

（6）对那些拆开商品包装或标签的顾客要及时礼貌地提醒，对已拆开的包装要及时复原并用封条加固。

（7）部门负责人对有条件的商品要进行防盗处理，对易失窃的商品要安排专人看护。

（8）经常性对商品的有效期、包装、品质进行检查，发现有临近保质期限或破损的商品应及时做出处理。

（9）对来货的商品和货架上的商品，要对其的规格、条码进行仔细核对，发现有误时要及时上报。

（10）在卖场内发现有顾客吃喝东西的现象，要礼貌地制止并主动上前询问该商品是否已付款，如顾客是自带的商品时，应进行核实，如果是本店的商品，应带顾客到收银台付款。

（11）留意那些故意将包装袋拆开，反复挑选商品或不要包装盒、袋的顾客。

（12）各部门主管要合理安排好员工的就餐，必须保证就餐期间卖场内有人巡视，在客流量高峰期应推迟就餐时间。

（13）注意团体顾客的购物行为，特别要留意那些扎堆故意挡住工作人员视线的顾客群。

（14）体积特别小或价格特别高，且易被盗的商品应采取打捆销售的办法，可陈列在货架两头、人流经常光顾的地方。

（15）条码和标价签必须妥善保管，防止被人利用，并检查标价签和电脑价格是否一致。

（16）如遇到卖场停电，所有人员必须停止工作，负责各自商品区域的巡视。

（17）发现非授权人员在卖场内抄价格、拍照、摄像，应立即通知防损部门。

（18）及时清理顾客遗留在卖场内的非本部门的商品，并按照要求放在指定位置。

（19）如顾客因自身原因造成商品破损，应要求顾客到收银台付款。

五、防盗系统报警的处理

（一）收银出口管理

1. 概述

（1）收银出口处设立电子防盗系统，是超市采取的防盗保护措施。

（2）收银出口处设立防损员岗位，在营业时间内实行不间断的值班制度。

（3）收银出口处的监管重点在于正确、快速、满意地解决防盗报警问题，同时维护好出口处的顾客秩序，保证所有顾客能从进口进、出口出。

2. 防盗报警的处理原则

（1）验证原则。当系统报警时，不能认定就是有商品被偷窃，每一位顾客都是清白的，除非已经掌握确凿的证据。

（2）顾客服务的原则。当系统报警时，防损员要迅速到报警现场，必须具备热情、微笑、得体的态度服务顾客，不能因为自己的态度、表情、语言得罪顾客，引起纠纷和赔偿。

（3）和平解决问题的原则。坚决避免与顾客在门口发生争执，不能影响其他顾客的正常通行，不能引起堵塞和围观。

3. 防盗报警的处理程序

（1）将商品与人进行分离，确认是不是商品引起报警。

（2）确认属于商品报警后，进一步查找商品报警的原因。

（3）通过目测查看有无带感应标签的商品，将其取出核实是否属于未经消磁的商品。

（4）查看收银小票，查看有无未结账的商品。

（5）礼貌地请客人到收银台结账。

（6）让顾客反复几次经过安全门，确认是何原因引起报警。

（7）如是顾客引起报警，应礼貌地请顾客自行检查是否有忘记结账的商品放在身上。

（8）顾客若承认，则请顾客结账，只要顾客结账，认为顾客是疏忽而不是故意不结账，处理时要照顾顾客的自尊。

（9）顾客若不承认，则请顾客到防损办公室协助处理，而不要在出口处与顾客发生争执。

（10）处理原则。在处理过程中，防损员应遵循：

1）不能用手去拉（拽）顾客或商品。

2）应面带微笑，言语简洁，让对方在最短的时间内知道你想说些什么。

3）不要使用怀疑顾客偷了超市商品的词语，应避免使用"怀疑"、"偷"、"拿"、"搜"或"检查"等词语。

4）防损员必须站在出口处，以便在系统发出报警时面对顾客并进行处理。

（二）报警及处理方法

1. 情景一

顾客空手出超市时，引起报警。

（1）处理措施。

1）友好地留住顾客，请顾客后退。

2）请顾客逐个通过安全门，确定是哪个顾客引起报警。

3）若该顾客两次通过安全门依然报警，则友好地提醒顾客有无在超市购物而忘记付款。

4）顾客若肯定回答，请顾客到收银台付款；顾客若否定回答，请他再次过安全门，报警后请求顾客协助找到感应标签。

5）若顾客坚持否定或有异议，可以请顾客到办公室处理。

（2）注意事项。

1）不要接触顾客身体、不能搜身、不可言辞激烈。

2）不用"防盗标签"、"防盗门"的字眼。

3）不用任何带有"偷"的字眼。

2. 情景二

顾客带着商品出超市时，引起报警。

（1）处理措施。

1）友好地留住顾客，请顾客后退。

2）请顾客携带商品逐个通过安全门，确定是哪个顾客引起报警。

3）采取"人物分离"的方法，让顾客单独通过安全门，查看商品是否引起报警。

4）若商品未引起报警，则按情景一处理。

5）若商品引起报警，则同顾客一起查看商品中有无带感应标签的，带有感应标签的商品是否在收银小票上。

6）判断商品属于已付款未消磁的，请收银员重新消磁并感谢顾客；属于未付款的，请顾客付款或到办公室处理。

（2）注意事项。

同情景一的注意事项。除非顾客自己承认偷窃，否则在警方未确认或证据不确凿的情况下，不能认定顾客偷窃商品。

（三）处理防盗系统报警的标准用语

（1）"您好！请将商品给我，让我帮您试一下。"

（2）"请稍等，向后退一点好吗?"

（3）"对不起，请您再走一遍，好吗?"

（4）"对不起，您是否有商品忘记了付款?"

（5）"对不起，这件商品还没有付款，请您到收银台结账。"

（6）"对不起，您身上可能有什么东西把我们的仪器弄响了，请您配合我们找一下好吗？"

（7）"对不起，您买的商品上可能有标签没有处理好，请随我们到收银台为您消磁。"

（8）"您好！请您同我去一下办公室。"

（9）"对不起，耽误了您的时间，谢谢您，请走好。"

第二节　超市偷窃犯罪与处理

一、超市偷窃犯罪

（一）超市偷窃

1. 行窃行为包括两大要素

（1）拿取商品。

（2）拿走商品并且有意偷窃。

以上两个要素同时存在。

2. 捉拿偷窃的四大要素

（1）必须看到嫌疑人从货架上或售货陈列区拿走本店的物品，不能凭第三者的话就捉拿嫌疑人，必须弄清楚被拿走的商品是否属于本店。

（2）必须看到嫌疑人拿走并（或）掩藏了商品，并且知道此人将商品放在什么地方。

（3）必须始终观察偷窃嫌疑人，必须从偷窃嫌疑人开始取走商品到捉拿这一段时间，百分之百视线跟踪，还须确信偷窃嫌疑人没有在路上把商品抛掉，而且要确认此人没有付款。

（4）必须让偷窃嫌疑人走出超市门店后才抓获他，以便进一步证实其偷窃动机。目标出现时方可行动，在捉拿时千万不要一个人去，抓获偷窃嫌疑人时须有一名证人在场。

（二）发现可疑人员的处理

（1）处理程序。当发现可疑人员时，岗位值班防损人员，将可疑人物报告防损部领班以上人员，并安排工作人员严密监视。

1）立即通知各岗位值班人员，加强戒备，以防意外情况发生。

2）通知监控人员对重点区域（如金库、收银台、出口、入口等）进行监控录像。

3）通知便衣防损员、机动人员监视，并加强重点区域巡视。

4）值班工作记录表上，详细记录可疑人员出现时间、次数及外貌特征等，由防损部存档备案。

（2）所有超市员工、管理层均有责任防止商品的偷窃，超市不提倡任何员工，包括管理层或正在捉拿偷窃嫌疑人过程中采取任何有损于员工或者顾客的行为，未经授权人员同意不可捉拿偷窃嫌疑人，应由受过专业培训的防损员来处理。

（3）作为防损员，必须根据公司制定的政策和国家法律来捉拿偷窃嫌疑人。

（4）在捉拿偷窃嫌疑人采取行动之前，必须遵循的主要原则是"确定"。"如果有疑问，就放他们"，在脑海里记住此人。如果他们在一个场所偷窃成功，那么他们就可能试图再次行窃。下次，他们来超市时，超市就有了优势。偷窃方面的第一要点是"预防"，这要通过全体员工共同努力去实现，出色的顾客服务，最佳的防范措施，为顾客提供高层次的关照和服务是防止任何人考虑行窃的重要威慑措施。然而，就算是一个运转极佳的超市，也会有偷窃现象发生。大多数偷窃嫌疑人的性格中有一种不安全因素，他们会认为，抢劫或破门盗窃很可怕，但行窃，却不认为有何不妥之处。

（5）当有人从本超市拿走商品而未付款时，超市收回商品。然而，记住有一点很重要，一个人忘了付款并不等于犯罪。虽说忘记付款不算犯罪，但如果发现此人有意偷窃商品，并能够证明他是有意偷窃则不同。所以每次捉拿偷窃嫌疑人时，一定要十分肯定他（她）偷了超市商品而没有付款。

二、卖场容易被偷窃的区域

（一）发生行窃严重的区域

所有部门都会发生失窃现象，有时偷窃嫌疑人会把这个部门的商品藏到另外一个区域，所以对各个部门可能发生的行窃行为都应保持警惕。

（二）重点区域的控制

（1）重点区域。前区收银台、收货部、烟酒柜台、小家电区等。

（2）收货部索赔退换手续。防损员必须认真检查有关手续是否有授权人签名和商品的数量及状态，经核查无误后签名，注明时间，然后由索赔部、收货部和维修商各持一份存档。该批商品修好退回收货办时，数量型号要一致，有收货经理签名、索赔部签名、防损部签名方可记录存档。在这方面防损人员必须工作认真，不可马虎，严格按程序工作。

（3）从收货部提取任何商品必须符合有关手续。

（4）收货部要送货给顾客的，必须有服务台开具的送货单、电脑小票及发票的复印件，注明商品数量、型号、送到什么地方、具体地址、顾客家庭电话。由收货部经理确认签名认可后方可派人送货。送货前必须带上电脑小票，经防损员核查无误后签名放行，并在记录本上登记。

（5）防损部可随时抽查收货部的任何单据，如有违反工作程序的将做违反工作程序论处。

（6）无关人员不得逗留仓台、收货部、索赔部，未获授权不可进入索赔部、收货部。

（7）监控室的防损人员要密切监控收货部全部活动（包括人员进出活动）。

（8）顾客自提货物的，必须有服务台发出的自提单及主管的签名，经收货部经理签名认可后方可发备好的商品。防损员核查商品数量、型号等无误后方可签名，收货部要登记顾客的身份证号码、电话、来提货的车号及驾驶证。

（9）收货部防损必须 24 小时有人值岗，未经同意不可私自离开。

（10）防损员对从收货部发出废纸皮、垃圾等一定要检查并记录。

（三）前台收银

（1）监控室要对收银区严密控制，发现异常情况应马上录像。

（2）收银员的操作程序必须符合所规定的程序："拿货→检测→扫描、看屏幕→包装"。一件一件扫描，包括打开商品包装（书包、大包）。

（3）控制好各收银台的正常收银秩序，如发现有多人聚集在某收银台时，要尽快疏导到别的收银台，如有顾客吵架或打架要马上采取措施，劝阻和制止他们。

（4）如发现有顾客拿着商品没有结账时，应及时提醒他"收银台在那面"。

（5）收银员不可给自己的亲人、朋友结账，如发现可按超市政策处理。

（6）防损员如发现某收银员有异常时，应及时报告经理，重点跟踪监视。

（7）对常出现长短款的收银员进行调查。

（8）严格控制所有商品未扫描而出收银台。

（四）烟酒柜台

（1）控制外偷内盗是防损部的工作重点，特别是对一些较贵重的商品加以控制（如设独立收银监控）。

（2）商品堆放在酒柜上要特别注意，不宜过高过多，摆放要整齐、稳当，一旦摔碎破损将导致直接的损耗。

（3）对贵重的烟酒要经常地盘点，对酒的包装要多检查，以免被人调包。

（4）多检查周围不安全因素，解除安全隐患。

（5）可派专人盯看此区域（便衣防损人员）。

（五）小家电区域

（1）小家电属贵重商品区域，建议设立专柜、专人负责。

（2）对该柜台要进行经常性盘点，检查柜台锁头及门的安全性。

（3）建议小家电使用实物负责责任制，将对自己柜台的实物负责。

（4）设立独立的收银台。

（5）顾客结账后，收银员把电脑小票订在包装袋上。

三、偷窃嫌疑人作案手段和工具

（一）偷窃嫌疑人作案工具

商场偷窃嫌疑人偷窃也使用工具，以便更高效地完成偷窃任务，这些工具有空箱、报纸、雨伞、轮椅、婴儿车、特制衣裤等。

经验丰富的偷窃嫌疑人会充分利用这些工具，防损员对这些工具必须极度警惕。

（二）作案手段

超市偷窃嫌疑人有两大基本类型：业余的和职业性的。两类偷窃嫌疑人使用的掩藏手段相似，且他们共同的目的——拿走商品，不被人发现。超市偷窃嫌疑人使用的手法具有独创性，新手法不断改进。因此，应该不断地观察偷窃嫌疑人方式的最新趋向，并加以防范。

1. 就地消费

卖场内零称零卖的商品是偷窃嫌疑人光顾最多的地方，如饮料、面包、糖果、炒货、火腿肠、果冻等，他们以品尝为借口，吃喝完毕后扬长而去，有的试吃甚至没有节制。

2. 出厂封口法

超市偷窃嫌疑人把出厂封口完好的箱子里面的物品取出，换装入贵重的商品，然后用胶带或胶水把封口封好，箱子就像刚出厂一样崭新。偷窃嫌疑人结账时，只按箱子上的价格付款。

3. 衣服掩藏法

用改装过的衣服掩藏商品是一种古老的偷窃方法，但是这种方法今天依然流行。大衣、风衣和毛衣做个大内衣袋后就可以掩藏较大件的商品。偷窃嫌疑人有时候把商场的衣服穿在自己外套的下面走出商场。

4. 购物袋掩藏法

现流行的手法是偷窃嫌疑人离店之前把偷窃商品塞入购物袋，这些购物袋可以是从其他超市带来的购物袋，也可能是以前用过的被光顾超市的购物袋，有些偷窃嫌疑人伪造收据（带来的或在商场找到的）订在购物袋上，把购物袋放在购物车上，买一件大而便宜的商品，然后把贵重的商品放在下面，购物袋放上面，蒙混过关。

5. 换穿

偷窃嫌疑人将旧的鞋或衣服换成本店的新的穿在身上，或将本店的领带、帽子、袜子直接穿戴在身上。

6. 掏空

在无人的地方，借挑选商品之机，把包装丢弃，这样便于隐藏。

7. 弄旧

偷窃嫌疑人故意把商品的表面弄污、弄旧，或刮去表面的文字，以造成是自己带进超市的旧商品的假象。

8. 退还货标签

这类标签专为退货、换货设计，但落入偷窃嫌疑人手上则会有助于偷窃，空白的退货标签要保管好，关门之前把多余的标签保存在安全地方。

9. 买一带一

一人首先埋单出收银台，另一人拿了未付款的商品在收银台外等，二人会合后，将商品合二为一带出出口。

10. 收银机电脑小票

电脑小票必须是专为防复制、防伪制、防骗退货而设计的，收银机收款条应放在现金办公室，多余的卷头卷尾要销毁。

11. 婴儿车、婴儿背带法

婴儿车是商场偷窃嫌疑人偷窃得手的一条独特的途径，偷窃嫌疑人会把商品藏在婴儿车、婴儿背带里，用毛毯盖住商品或者用小孩遮住商品。

12. 假冒身份法

假冒者通过假冒他人身份进行偷窃。有时，会冒充供应商取退货商品，有时会冒充工作人员企图把商品搬到另外一个地方。

13. 孕妇法

为了便于行窃，女性偷窃嫌疑人有时会装成怀孕来协助行窃。孕妇装有相当的空位来掩藏商品。捉拿看起来像孕妇的女偷窃嫌疑人时一定要小心。

14. 大腿叉夹法

这种方法主要是穿连衣裙或长裤的女偷窃嫌疑人使用的掩偷商品的独特技巧，女偷窃嫌疑人把商品放在衣服里搁在大腿中间或用胶布和松紧带加以固定。职业偷窃嫌疑人经验丰富，可以把商品夹得稳稳当当而不被人发觉。

15. 联手合伙作案法

偷窃嫌疑人"结偷"或叫三两个朋友一起行窃是寻常可见的。这些人会在离正在掩藏商品的同伴较远的地方向商场员工提问或请求帮助，分散员工的注意力，这种方法也会用在当偷窃嫌疑人藏好商品后，以便帮助偷东西的人离开商场而不被发现。

16. 声东击西

以一人作饵明目张胆往衣服里塞东西，故意让员工发现。另一个人则悄无声息地偷，防损员往往为抓一个而忽视其同伙。

17. 同谋及其作用

偷窃嫌疑人在同伴不知道的情况下可以行窃，有时偷窃嫌疑人的同伴是起掩护作用的，除非偷窃嫌疑人的同伴在偷东西，否则不要截停他，当偷窃嫌疑人有机会把赃物传给同伴时，如果不清楚商品在谁手里，请千万不要捉拿。基本上职业偷窃嫌疑人与有经验的同犯合作，有时偷窃嫌疑人的同犯只分散营业员的注意力，而职业偷窃嫌疑人则去超市的另一处行窃，他们可能会制造混乱情况。

18. 充填

将包装好的商品拆开，加入同类的商品。

19. 高价低标

将价格低的标签贴在价格高的商品上，以此获取价格差异。

四、超市偷窃嫌疑人的处理

（一）处理原则与安全程序

1. 处理偷窃嫌疑人的原则

（1）当发现有偷窃嫌疑人掩藏商品时，必须观察到此人离开超市，知道偷窃嫌疑人把商品藏在身上什么地方，以便出庭或到派出所做证时，能指出确切的位置。

（2）偷窃嫌疑人离开商场时才予以制止，如果没有绝对把握，不得阻留或质问任何人。

2. 偷窃嫌疑人处理安全程序

（1）18岁以下，由父母或亲友领回。

（2）18岁以上（含18岁）。

1）向当事人宣读超市有关规定。

2）由超市值班人员做记录，性质严重的向派出所报案。

3）偷盗并给商场制造麻烦的送派出所，填写"日偷盗报告"。

4）无论什么情况，任何惯犯应送到派出所。

5）当上述问题发生时，应该及时处理，做到礼貌、正确、简洁。

（二）偷窃嫌疑人的处理程序

1. 处理偷窃嫌疑人的基本要求

（1）让偷窃嫌疑人拿出身份证进行登记、复印。

（2）让偷窃嫌疑人填写陈述书。

（3）给偷窃嫌疑人及赃物拍照。

（4）防损员填写"偷窃嫌疑人报告表"。

（5）让见证人填写陈述报告。

（6）保留证据。

（7）人员或者财产搜查。

（8）文件存档。

（9）送交当地派出所。

（10）送交派出所前宣读警告书。

2. 处理流程

处理偷窃嫌疑人事件中应做到文明、安全、有效。

（1）捉拿时必须两人在一起，以避免偷窃嫌疑人反抗，同时也需有一人做证。

（2）如偷窃嫌疑人拒绝合作，可采取合理的强制手段，但必须证据充分，并及时与其他防损员配合，防止偷窃嫌疑人行凶或逃跑。

（3）将偷窃嫌疑人带到办公室，防止顾客围观，注意前引后随，看住偷窃嫌疑人双手，并迅速通知当班负责人前来处理。

（4）动员偷窃嫌疑人主动拿出赃物，切勿搜身，确实没有作案的要做到认错快、道歉快，主动送顾客离开，并做好汇报记录，赃物已经转移或隐藏较深的要多方了解，仔细分析。

（5）对有偷窃行为的嫌疑人，要做好书面的情况说明，要求偷窃嫌疑人填写"情况说明书"，内容应包括：

1）商品在什么地方隐藏。

2）出收银台是否付款。

3）未付款的商品名称。

4）数量及总价值。

最后由偷窃嫌疑人签名，抓获人可视实际情况进行补充问话和书面说明。

3. 赔款的执行

（1）向偷窃嫌疑人索赔的金额控制在商品价值的 5~10 倍，要求偷窃嫌疑人在处理结果一栏注明："自愿缴纳赔款××元"并签名。经办人收到赔款后，必须在本超市当事人、经办人一栏签字确认。

（2）如偷窃嫌疑人态度恶劣或有暴力倾向、吸毒迹象、不愿意赔款以及要求到派出所处理的，一律送交辖区内派出所处理，超市抓获人要一同前往举证。

（3）偷窃嫌疑人事件处理完毕后，经办人必须把处理结果登记在防损部的专用台账上，填"偷窃事件处理情况登记表"。

4. 特别注意事项

（1）不要对未成年人或学生直接处罚，应通知其家长或监护人以及学校的老师来处理。

（2）处理偷窃嫌疑人应控制时间，一般为 30 分钟左右。

（3）未经防损部负责人同意，任何人不允许向外界发布这方面的消息。

（4）任何人不允许在办公室以外的地方处理偷窃事件。

（5）严禁任何人以任何理由打骂、体罚偷窃嫌疑人，严禁搜身。

（6）收取的赔款金额应按照本超市的规定执行。

（7）处理女偷窃嫌疑人时，现场必须有女员工在场。

5. 捉拿偷窃嫌疑人的规范用语

（1）"我们是××超市的员工，请问您是不是有什么商品忘记付款?"

（2）"我们是××超市的员工，有些事需要了解一下，请您配合。"

（3）"您刚才拿的××商品放在了什么地方?"

（4）"您身上的××商品是不是忘记了付款?"

五、观察技巧和偷窃迹象

(一) 偷窃嫌疑人迹象

(1) 衣着不合时令、古怪。

(2) 走路不自然、略显臃肿。

(3) 拿着同一类商品相互比较的人。

(4) 折叠商品、压缩商品体积。

(5) 东张西望、观察周围环境比挑选商品更细致的顾客。

(6) 在超市逛一圈后又回到原来的位置的人。

(7) 离开商场过分匆忙、心神不安、异常紧张的人。

(8) 撕掉商品上的标签。

(9) 当工作人员走近时露出吃惊神情。

(10) 带特大的购物袋和敞开的大钱袋。

(11) 从出厂封口完好的箱里拿出商品的人。

(12) 从商品盒下面打开包装的人。

(13) 成批人一起走进商场分成几个小组的人。

(14) 穿着宽松大衣服、衬衣脚露出的人（这些人可能是商场清洁工等）。

(15) 故意在收银台大声喧哗、吵闹，引开收银员视线的人。

(16) 在短时间内多次出入超市的人。

(17) 在超市禁入区域的顾客。

(18) 拿了商品不详看就走的顾客。

(19) 不买商品故意叫走营业员离开工作区域的。

(20) 手里拿着宣传画、其他物品左右看的人（属于放风人员）。

(二) 观察技巧

(1) 便衣防损员应对每一个人进行判断，根据自己掌握的防损专业知识有一个大概判断能力。

1) 真正的顾客。

2) 逛超市无意购买的人。

3) 专业偷窃嫌疑人（偷窃嫌疑人买一些小的商品进行掩饰）。

4) 业余偷窃嫌疑人。

以上几种可以从气质、服饰、眼神、特征分析出来。一般来说学历越高，素质就高，有偷窃行为的不多，但这不是绝对的，也曾有公司总经理偷拿小物品的。

（2）有些人在超市购物时，看到了自己非常喜欢的商品，想买又觉得贵，不买吧，自己又舍不得，此时就会产生爱不释手、思想犹豫阶段。强烈的占有欲促使他产生偷窃行为，趁人不注意时就进行偷窃。

如发现了以上人员的动作超出正常，就要远一点紧紧跟踪，运用四大要素，直至最后捉拿。

（3）每一位便衣防损员，衣服、发型都要和普通顾客相似，不能穿怪异服装，可以推部购物车扮成购物的顾客，千万不能和商场员工说话，以免让人们知道你就是便衣防损员，那样的话，永远也捉不到小偷。在工作期间要有敏锐的观察及反应能力，重点注意目标在丢失率高的区域，如奶粉、烟、CD、小电器、皮具等。

（4）制服防损员在收银处发现有顾客拿着商品未付款而走出收银台，要及时地制止劝告，留意各收银台走出的顾客，看是否有异常现象，前台是防损重点控制区域。

六、超市偷窃嫌疑人控制与捉拿

（一）超市偷窃嫌疑人控制

为有效地控制商场偷窃嫌疑人行为，防损人员应进行以下特别培训：

（1）观察技巧。

（2）捉拿。

（3）人员和财产搜查。

（4）证据保存。

（5）表格和报告的正确填写。

（6）对付和处置少年罪犯。

（7）人身安全。

（8）防火安全、风险控制法规。

（9）闭路电视系统的使用和维护。

（二）捉拿和监管超市偷窃嫌疑人

1. 捉拿偷窃嫌疑人时

（1）捉拿偷窃嫌疑人时要肯定、坚定、确定、专业。同时爆出自己是超市防损员工。

（2）捉拿偷窃嫌疑人时要带一名同事或管理人员同往，用对讲机和制服防损员联系，告诉他拦停偷窃嫌疑人。当捉拿时，外围防损员要协助捉拿偷窃嫌疑人，人多占优势，对偷窃嫌疑人要礼貌。

2. 如果捉拿之前偷窃嫌疑人逃跑

（1）能在短距离追回更好。

（2）追偷窃嫌疑人原则上只限在本超市区域内进行。

（3）偷窃嫌疑人知道自己被发现逃跑，一般都会丢掉偷窃的商品。

（4）捉拿逃跑偷窃嫌疑人时一定要注意自身的安全。

（5）遇到手持凶器者马上致电警方，不可盲目捉拿。

3. 盘问偷窃嫌疑人

（1）盘问要在防损部办公室独立进行。

（2）与偷窃嫌疑人交谈的目的。

（3）让其主动承认偷窃。

（4）拿回所有偷窃物品。

（5）取得证实资料。

在处理偷窃嫌疑人时要有一位防损员在场（如果是女嫌疑人应有一名女同事在场），如偷窃嫌疑人不承认，可以直接说出偷窃嫌疑人把商品藏在什么地方、什么位置和什么商品，这样就抓住了他的把柄。

请记住：千万不要给偷窃嫌疑人任何机会丢掉商品！

多数情况下，偷窃嫌疑人都会说自己是第一次行窃，说是刚到这里是想买东西的，没必要让偷窃嫌疑人承认过去的偷窃历史，如果偷窃嫌疑人完全承认过去的行为，应让其填写一份陈述书上交防损部经理。

4. 放走偷窃嫌疑人

防损部经理、超市门店管理层决定是否起诉偷窃嫌疑人，意见不统一或不确定时，可致电店长拿回超市门店的商品后，下列情况可以放走偷窃嫌疑人。

（1）关于嫌疑人的偷窃动机不明确时，如双手拿满商品时可能因不便于携带，放在口袋一件小商品的。

（2）会得到法庭的同情的年老体弱者。

（3）怀孕妇女。

（4）偷窃商品价格数量较小，没有达到超市制定的标准。

处理偷窃嫌疑人时不能让感情来决定是否起诉超市偷窃嫌疑人，或放走该偷窃嫌疑人，必须按照处理偷窃嫌疑人的工作程序进行。

5. 处理少年偷窃者的步骤

超市的一部分损失是少年偷窃者所造成的，这个问题须认真对待，处理少年偷窃者，必须按照制定的标准进行。拿回被偷商品后就放走少年偷窃者是多数超市处理偷窃者的通常做法。如少年偷窃涉及价值较大，则考虑请求有关部门处理，放走偷窃嫌疑人时只能让其父母、监护人或警方领走。

（1）以官方的姿态解决少年偷窃嫌疑人，能给其父母留下更深的印象。

（2）避免少年偷窃嫌疑人释放后回家这段时间发生事故，以免受责。在一般情况下，超市必须通知家长，让其来领孩子，家长都是会接受的。

（3）处理完毕要填写一份"捉拿偷窃嫌疑人报告表"。

6. 与行窃有关的充足证据包含要素

（1）商品所属权。当看到商品从陈列区转移到其他地方时，此要素成立。

（2）意图。嫌疑人离开结账处后，此要素成立。

（3）占为己有。当偷窃嫌疑人表现出拿走超市的商品、从而占为己有的意图时，这种行为一般能辨析出来，包括偷窃嫌疑人将商品拿出超市出口处，已过收银机的地点，没有充分理由进行捉拿是不合法的。

无论在什么时候和偷窃嫌疑人接触，尽量避免使用武力，如果万不得已，尽量使用最低限度的武力，并将事情经过马上汇报给主管，如有受伤尽可能拍照，报告给防损部。

七、引起争议的处理方法

（一）捉拿错误的处理方法

如果超市捉拿了不该捉拿的人，应做到认错快、道歉快、补偿快，并做好备忘录。如对方不愿离开，应立即报告上级，并要求当事人及证人写好证词交防损部门。

（二）采访

未经防损部负责人同意，任何人不得对外界发布信息及接受采访。当新闻记者提问时，只能说："请与我们的上级联系。"特别是发生纠纷后，当事人的律师来调查情况时，只能请他与上级联系，并对其所有的问题保持沉默。

（三）出庭

（1）通知超市高层领导。

（2）出庭要衣着整齐端庄，给人留下好印象。

（3）不能与被告人或被告律师交谈，以免给他们提供额外信息或引起争吵，即使他们主动谈话，也不能与之交谈。

（四）应诉

（1）陈述清晰，以免要求重复回答。

（2）根据亲眼所见的情况做证，不要道听途说。

（3）不得讲出本单位为处理此事而举行过的任何会谈。

（4）坚持自己陈述的事实，自己的判断及想象不能作为证词。如果不知道如何回答所提的问题，直接说出来，如果听不到提问，应礼貌地要求重复。如果对所提的问题不理解，直接说出来。回答问题时要礼貌、直接及明确，不要陷入让被告律师使你激怒的圈套。

八、偷窃嫌疑人赔款和商品处理

处理超市失窃事件中的法律规避现象，收取赔偿金回避"罚款"。

（一）赔款的含义

"罚款"作为一种行政处罚手段，法律只赋予公安机关及行政执法机关以权力，任何企事业单位及个人都无权对相对人进行罚款。超市偷窃行为，虽然属违反《治安管理条例》的违法行为，但亦有民事侵权属性，根据相关法律规定，当事人可以就民事纠纷进行协商，"赔偿经济损失"是法律规定的一种承担责任方式。所以，超市与当事人经过协商达成的赔偿协议并不违反法律规定，若收取"罚款"则属违法。

（二）赔款的处理技巧

责令相对人书写"事实经过"，回避"写检讨"。

行为人对自己的错误行为或违法行为以文字形式予以确认并表示悔过，保证不再重犯，习惯称"检讨"，在治安管理法规及刑事犯罪中称"具结悔过"。责令行为人"具结悔过"的权力只有行政执法机关及司法机关才能行使，企事业单位无权行使该权力。然而，企事业单位让当事人写"事实经过"，法律未禁止的行为，不算违法。

（三）赔款的上缴

所有赔款必须由经办人在第一时间内交防损部负责人，并在事发当日转财务部，财务部在收款后必须开收据，防损部负责人将收据附在"情况说明书"右上角以备查。

（四）商品的处理

处理偷窃嫌疑人所收的商品必须在事发当日，由防损部经理、主管交商品所属部门负责人签收，并要求向该负责人说明商品被盗的经过及今后的防范措施。

（五）"情况说明书"的管理

（1）处理偷窃嫌疑人事件的书面证明应该使用总部统一规定格式的"情况说明书"。视同票据管理，不得随意丢弃。

（2）"情况说明书"必须妥善保管，不得撕毁或随意涂改。

（3）"情况说明书"的发放由门店财务部负责，各门店防损部在领取新表时，必须按编号完整地交上旧表，财务部下发时必须登记新表的编号，并由领用人签收。

第三节　文明安全防损、预防欺诈

一、文明安全防损

（一）防损员文明、安全执法

在一些超市由于培训不到位，部分防损员认识上的误区和法律知识的缺乏，常常导致一些违法事件的发生，虽然防损员本身的做法是为了维护超市的利益。但超出权限不正确的执法，却是不被允许，特别是如果给当事人造成人身伤害或人格侮辱致反抗发生。

在处理偷窃嫌疑人的过程中，可能会遇到一些偷窃嫌疑人很明显地受到酒精的影响使用暴力，防损员应学会保护自己不受到伤害。在可能的情况下尽量避免发生对抗。当然，若是偷窃嫌疑人要伤害或威胁到防损员的话，应立即报警。当偷窃嫌疑人要袭击或殴打防损员时，被袭击者有权反抗，进行合法自卫。

（二）违法的执法行为

1. 搜身

防损员超权限执法的行为搜身；在公共场合或办公室对顾客进行搜身。

2. 殴打

对盗窃或怀疑盗窃的顾客进行殴打。

3. 扣押

对盗窃或怀疑盗窃的顾客进行长时间的关押、扣留，包括限制顾客的人身自由，不准与家人、朋友进行联系。

4. 逼供

对怀疑盗窃的顾客进行逼供，要求其认罪。

5. 恐吓

对怀疑盗窃的顾客进行威逼恐吓。

6. 人身侵犯

男性防损员对女顾客的性骚扰或其他侵犯人身的行为，如脱光顾客的衣服等。

7. 游行

将偷盗的顾客，拉到公共场合进行游行、示众，让其他顾客围观等。

8. 公开身份

将偷盗嫌疑人的照片、私人资料、偷窃的事情进行张贴公开、广为传播等。

（三）防顾客偷盗

防偷窃不仅仅是防损员和总部的事情，也是所有员工的责任，超市中应形成人人都是防损员的风气，人人都有很强的防盗意识，偷窃成功的机会就会大大减少。

当发现可疑的顾客时，请微笑着向顾客走过去，进行整理商品、清洁或补货等，或主动同他打招呼，引起注意，从而制止犯罪。

当发现顾客已经有偷窃的种种迹象时，要不动声色地跟踪，并立即通过电话等报告给防损人员，等待防损员来，绝不能当面质疑顾客。

1. 防范措施

（1）超市的防盗安全系统。

（2）便衣防损员。

（3）超市监视系统。

（4）超市张贴的各种警示标语。

（5）超市商品采取的防盗标签。

（6）超市的广播等。

（7）员工防盗意识的教育。

2. 顾客偷盗的处理

发现可疑迹象→秘密跟踪→是否结账→出超市门口→抓住偷窃嫌疑人→谈话对证→偷窃处理。

（1）发现可疑迹象。防损员现场发现可疑顾客和可疑动作，或员工举报，或监视系统发现的可疑顾客。

（2）秘密跟踪。防损员秘密进行超市内跟踪。

（3）是否结账。认真仔细观看顾客是否将所有商品——全部结账付款。

（4）出超市门。当顾客即将通过安全门离开超市的时候，不管是否引起报警，都要制止顾客，请顾客到办公室处理。

（5）抓住偷窃嫌疑人。将偷窃嫌疑人比较平静地带到办公室，切忌用激烈的手段，必要时可多名防损员协同作业。

（6）谈话对证。与偷窃嫌疑人当面对证，进行谈话记录，并阐明偷窃的危害性，注意不能有对偷窃者进行罚款、搜身、人身伤害、拘留、扣押证件等行为。

（7）偷窃处理。根据公司和有关法律的规定，对偷窃者进行处理。

3. 顾客偷盗的处理方式

（1）和解方式。对于偷窃情节轻、金额少或未成年人偷窃者，一般给予严厉的教育和警告，并记录在档，一般采取等价买回偷窃商品等方法进行处理。

（2）司法方式。偷窃情节严重、金额大、多次来超市的惯偷，或属于团伙偷窃的或认错态度不好的，送呈派出所或司法机关处理。

（3）对偷窃者，超市不能采取公开其照片、姓名等个人资料，或对其进行殴打，使其当众出丑等违反法律的行为。

（4）专业偷窃分子一般由多人组成盗窃，作案后难抓获，且气焰嚣张，危害大，必要时应当及时报警。

二、反欺诈

（一）超市欺诈的几种行为

1. 利用假烟、假酒骗专柜的同类商品

作案一般 2~3 人，一个人假装顾客购买高档烟酒并要求员工把所选购的烟酒放在柜台上或按他的要求用塑料袋包起，提出各种要求让员工离开，如无法下手，另一人就上前提出买某种商品支走员工，待现场无员工时，这伙人会用事先准备好的假烟假酒进行调包，待员工转身时，他们又以钱不够或需要商量一下马上离开，有的甚至还交代员工暂不要动已选购好的商品，他们马上会回来，员工信以为真（因为商品放在柜台上原封不动），也许等下班对商品进行清理时才发现上当受骗。

2. 扮成有钱人、政府职能部门工作人员诈骗商品

这些人穿着讲究，直接找超市工作人员要求购买大批商品，并要求工作人员

将他们需要的商品搬至收银台外，有的承诺在收银台验完货后付款，有的则答应到单位后付款。待货搬到出口时，他们又以需要其他商品为由，想尽一切办法支走现场工作人员，等现场无人看守时，马上提上贵重商品溜之大吉。

3. 利用买贵重商品付款时抽取现金

这些人一般购买贵重商品，如珠宝、烟酒、涉及金额大的商品，待付完款等收银员清点完准备放入收银柜时，又以现金不对为由要求重新清点，待收银员把钱交给他后，他会当着收银员的面清点，趁机将一部分现金抽取（一般人很难看出），数完之后又马上交给收银员，收银员也许认为时间很短，且顾客没有动用现金，就毫不防备地重新放入收银柜，这样作案人只花了一小部分钱就买走了贵重商品。

（二）各种欺诈的预防措施

欺诈事件有两个共同特点：作案时一般为专柜的贵重商品；作案场所为单独收银的柜台。

他们利用了超市工作人员极力想办法增加销售的善意想法，无防备地满足顾客提出的各种要求而导致了案件的发生。作为店面领导和防损部领导，首先要加强对这些重点部分员工的培训，同时要对大量现金的交易过程进行全程跟踪，当然现场的员工也要提高警惕。

（三）预防欺诈的基本方法

（1）在对方没支付现金之前，不要将商品不加看管地放在柜台上或交给顾客。

（2）在商品没入柜台前，不要接待另一顾客。除非现场还有员工协助。

（3）不要一味地满足顾客提出的要求，特别是这些要求有明显的支走你的意思。这时可以通知同事给予帮助。

（4）当顾客将商品退回时，要打开商品进行检查，除非顾客没接触到商品。

（5）当顾客要求重数现金时，必须通知同事到场做证。现金拿回来时也必须要求他在场，放入现金柜之前要重新清点一遍。

（6）当同时面对几个顾客，最好不要把贵重商品放在柜台上，放在柜台上后必须高度警惕，不要受其他人干扰。

（7）当接待的顾客当中携带有背包、塑料包裹时，要特别留意。

（四）预防欺诈事件的应对

1. 事前预防

（1）不要背对或离开已打开的钱财放置处或保险箱。

（2）视线不要离开已打开的钱财放置处或保险箱。

（3）收到顾客所付钱财，应等顾客确定找对了钱后才将钱放入钱财放置处。

（4）收到顾客大钞时，应注意钞票上有无特别记号及会辨识假钞。

（5）注意顾客以各种方法来骗取已打开的钱财放置处或保险箱中财物。

（6）识别各种骗术手法，实施在职训练，以熟练防范技巧。

2. 状况处理

不可因人手不足，顾客涌入，自乱阵脚，而疏忽了上述防范措施。当发生欺诈事件后：

（1）必须向当地派出所报案，当事人要向公安机关如实反映作案人的体貌特征及作案工具及经过。

（2）通知保险公司到现场以便事后索赔。

（3）相关责任人的处理通报。

3. 事后检讨改善

做成示范例案，通报各门店注意，避免再上当。

第五章　超市门店安全与风险控制

第一节　安全原则

安全不仅仅是一个口号，还是一个完完全全的承诺。要经常强调顾客购物安全和员工工作安全，并指导他们运用安全原则。

注意安全不仅是某个人或某个部门的责任，而是超市每个人的责任。

一、员工的安全

（一）安全的意义

许多超市的一部分利润是被事故和伤害侵吞的。做好安全、风险控制工作就显得尤为重要。损伤不仅给员工（顾客）带来肉体上的痛苦，也造成一定程度上的经济损失，更关系到超市的信誉问题。所以说必须切记安全至关重要，不但要形成口号，更重要的是形成一种意识，处处防范，只要大家共同努力，就可以把事故与伤害拒之门外。

1. 什么是安全

安全是一种工作态度，一种思维模式。它是从远处着想，提出"如果……会怎样……"的设想，并对工作做出相应的纠正以防止事故出现。如果经常这样做就会养成一种安全工作习惯。

2. 安全为何重要

（1）意外事故造成的损失远远不只是金钱上的损耗。超市所有的员工都要为各种事故付出代价。做好安全防范措施可以防止以下更严重的损失：

1）顾客、员工及家庭的精神和肉体痛苦。

2）工资与赚钱能力。

3）顾客和员工对商店亲善感情。

4）商店工作成效的降低。

5）造成终身残疾或损伤。

这些不仅造成公司金钱上的损失，同时也涉及公司每位员工的利益。

（2）安全问题非常重要，人们必须严肃对待。在学习怎样做好安全工作的同时亦要充满乐趣，不允许出现违背安全规定的行为。

3. 安全规定

许多超市虽然已建立了安全规则，但是作为一名超市工作人员必须懂得安全规则不可能对任何情况都有规定，这就涉及每位员工对安全的共同认识。记住，安全是一种工作态度。

（二）寻找售货区的不安全因素

1. 售货区的不安全因素

（1）每位员工均有责任注意并清除售货区的不安全因素。

（2）在什么地方发现不安全因素并没关系，关键是要找出原因。

（3）发现不安全因素后，首问责任人（即第一个发现问题的员工）必须负责在旁边看护，直到它被清除为止。

2. 清洁时要考虑到安全因素

在每位员工责任区管理范围清洁时要考虑到安全因素，如：

（1）溢出物。

（2）商品。

（3）碎片。

（4）挂钩（衣架）。

（5）或其他易致碰绊、摔倒的不安全因素。

从上班到下班要做到密切注意售货区的不安全因素。

3. 溢出物

要以最快的速度找到溢出物的来源并消除掉。如溢出物是溢溅的残迹、顾客在采购时从容器中溢出的液体等，要及时进行清除。随身携带纸巾并记住告诫他人注意溢出物。

（1）如果需要进行拖扫时，记住，没有下列工具，则不得使用拖把：

1）水桶。

2）清水。

3）纸巾。

4）使用"小心地滑"标牌。

5）拖过的地方须有人守护直到干燥。

（2）如果发现了溢出物。

1）不要离开，守着它。

2）不要让人们在该处行走。

3）请求一名路过的顾客通知其他员工前来帮助。

4）请求一名路过的员工取来纸巾或送来拖把。记住，不要离开。

（3）如果是大面积的溢出物，则须请帮手将该区域围封并进行清除。

1）请求一名员工帮助进行围封现场，使用"小心地滑"的警示牌以封锁通往有溢出物区域的通道。

2）可把椅子或购物车放到围封现场。

3）已守护并围封好该区域后，请一名员工取来拖把。

4）守住溢出物，直到地面清洁、干燥。

（三）天气引起的售货区危险

雨、雨夹雪、雪及冰雹均会给商场的工作带来麻烦。我们不能控制天气，但可以找到办法去消除由此而带来的安全隐患。

1. 必须特别注意

（1）斜坡。

（2）人行道。

（3）大门口。

（4）出、入口。

2. 不安全因素预防

门店管理人员须负责监督这些措施的执行。同时，全体员工须积极配合：

（1）在冰冻的情况下，须清扫斜坡及人行道使冰冻融化。当班经理须负责监督这些措施的执行。

（2）大门口及入口通道须多放脚垫。这些脚垫变湿后须进行更换，确保这些脚垫要放平。必要时用胶布将其固定好。

（3）在这期间，大门前面须放有"小心地滑"的警示标牌。

（4）旧脚垫可放在购物车停放处的地面上以吸收购物车的水渍。

（5）迎宾员可以帮助管理人员更好地了解天气情况。

（6）巡视自己的责任区域，在当班时或离开休息前要特别注意不安全因素。

（7）随时四处查看本区的不安全因素。

（四）售货区其他不安全因素

1. 预防商品掉落

员工在卖场工作时，要不时向上看、向下看。

在将商品上架或是在一旁查看时，要考虑到：

（1）商品会掉落吗？

（2）如果商品掉下时会出现什么情况？

（3）如果有人试图将商品扯下来会发生什么情况？

（4）小孩会不会伸手去动商品？

（5）商品会不会滚下货架？

2. 商品上架

（1）在上架时，如果有必要将商品、陈列用具或其他设备留在售货区上，则需将这些东西放在货架走道中央而不得放在角落。如果可能的话，将商品放在购物车中。

（2）安全绳可用来固定保护展示品，在布置安全绳时可以请求其他同事帮助。

（3）围栏可防止商品掉落。

（4）将重的商品堆放于最下面。

（5）弹簧围栏可防止商品"掉出"货架。

（6）上架时要判断准确。注意保持商品流外观整齐，避免商品东倒西歪地堆放。

（7）不要在一个地方堆放过多的商品。

（8）摇摇货架，看看会出现什么情况，然后再纠正。

3. 梯子

梯子是超市门店常用的工具，使用时应该注意：

（1）梯子不得储放或丢弃在售货区。

（2）只能使用公司批准的梯子。

（3）在使用前进行检查。看梯级是否破损，梯腿是否不稳。如果发现不安全的梯子，不要使用。要在上面做好"不能使用"的标记并放到一边。向管理人员报告并领取完好的梯子。

（4）工作时选取适当的梯子使用。不要使用过高或过矮的梯子。

（5）记住在使用时，要将梯腿充分张开并锁定。检查梯子是否放在最好的工作位置。如果需要重新定位，则须停下工作，下梯后再移动。

（6）可以请其他同事帮助固定梯子或递商品。

（7）在移动梯子时要小心。记住要考虑到角上或边上有什么物品。不要忘记头顶上的不安全因素，诸如展示品、灯管或喷头等。

（8）在靠近门的地方使用梯子时，门须完全打开或围封现场。

询问自己，"顾客或其他工作人员容易看见我吗？""这是最安全的工作方式吗？""我是否需要他人的帮助？"

4. 收货处

（1）须拉着手推车、两轮车、四轮车或服装推车货架通过收货处门时而不得推着通过。开门前要先查看好情况。

（2）不得爬上护栏或传送带。须借助梯子进行工作。

（3）地面越整洁，就越安全。

（4）商品须干净整齐地堆放好。

（5）商品堆放的顶层距喷头不能少于 0.5 米，距暖气装置不得少于 0.6 米。

（6）易燃液体不得储放在商场内，除草机的汽油及退回产品内的燃油也不能留在商场。

（7）喷头及电源设施区域须干净无任何堆放障碍物。

（8）收货处及商场的其他所有出口在开店时间不得有任何障碍物，不得在这些出口处堆放商品或设备等。

（9）在使用垃圾压缩机时，要使用防护罩，在使用打包机时要确保打包机关闭。确保安全装置开关能够正常运作。

（10）开箱介刀。

1）只能使用公司提供的开箱介刀，不得更换或取下任何安全防护罩或安全设施。

2）不得使用小刀或剃须刀片。

二、其他安全

（一）作业安全

1. 工作安全

（1）上下货品，搬运货物均要小心，避免碰撞，保护自身及顾客的安全。

（2）小心使用手动液压车、车辆升降尾板、工具（如界刀、锤、钳、剪），避免伤人伤己。

（3）不准用购物车或不稳固的物件做垫脚爬高作业，爬高须用木梯或专用垫脚板。

（4）货品、物件堆放高度不超过1.5米，并须放稳，以免造成意外事故。

（5）保持地面整洁干爽，地板有湿、油、重渍的要出示警告牌，防止滑倒。

（6）柜台区不要放置尖锐物品，避免割伤。

（7）整理商品时，将卡板固定，不要让卡板滑动。

（8）经常检查货架，注意棱角不割伤人。

（9）包装物及时清理，不乱摆放。

2. 搬运货品安全

在搬运物品时要注意保护自己，搬运物品时抬起头，腰部挺直，再站起身。

（1）估计物品尺寸。如果物品太重或难以搬运则请求帮助。

（2）站稳脚跟。一只脚前，一只脚后，物品位于中间。

（3）曲膝。抓紧物品并贴近身前。

（4）搬运之前。抬头正视前方，挺直背部。

（5）搬运时直身。避免猛烈动作将物品贴近身体。

（6）若要转身，先要移步。不要先转动臀部。

（7）放下时按相反程序进行。

3. 自身安全

有些工作要求带上安全的个人防护设备。主管必须告诉下属是否需要使用这些防护设备。

（1）作为员工有权知道危险化学制品的知识。如果员工的日常工作涉及化学制品的使用，超市必须对员工进行有关风险控制信息交流计划的培训。如果员工对这方面的权利有疑问，可向主管问清楚，如果还要进一步查询时，则与安全总监联系。

（2）机械设备。对驾驶叉车之类的工作要进行培训和考取驾驶执照。主管必须就有关的工作职责向下属解释。如果员工对是否能操作机械或设备仍存在疑问，停下来，不要操作或使用任何机械及设备，去向主管请教。

（3）不要操作或使用不熟悉的设备，不得改装任何机械或设备，改装则可能会影响机械设备的安全性能并导致恶性事故发生。

（4）追逐戏耍。门店卖场追逐戏耍容易发生危险，不允许在商场内追逐戏耍。

（二）运动

1. 手部练习

作业员工如果能每天进行练习，不仅可以增加手掌与手腕韧性，而且可以解除由于工作中重复做某个动作引起的肌肉紧张。

（1）转动手腕。握手成拳并自腕处向一个方向转动。重复 15 次。再向相反方向转动 15 次。打开手掌并伸直手指重复以上转动动作，如图 5 - 1 所示。

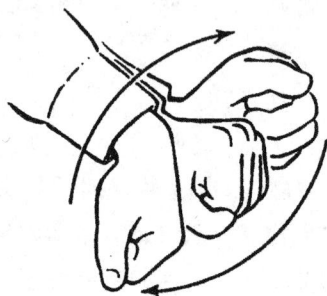

图 5 - 1　转动手腕示意图

（2）手部伸展练习。握掌成拳，然后尽可能伸开五指。保持 10 秒钟，放松。重复上述动作 5 ~ 10 次，直到手掌、手指彻底放松，如图 5 - 2 所示。

图 5 - 2　手部伸展练习示意图

2. 热身运动

热身运动，如图 5 - 3 所示。

（三）事故的发生与处理

1. 事故的发生

事故是人们在为达到目的的工作中，突然发生了违背了人们意愿的事情，迫使工作暂时或永久停止的事件。发生事故是由人的不安全行为和物的不安全状态所引起的。

图5-3　热身运动示意图

伤亡事故就是一个人或集体在行动过程中接触了周围条件有关的外来能量，致使生理机能部分或全部丧失的现象。

工伤就是在工作时间和工作区域内，从事与生产有关的活动所发生的事故。

事故按严重程序分为微伤、轻伤、重伤、死亡、多人事故、急性中毒、重大伤亡事故、特大伤亡事故八种。

2. 事故的处理

如果在工作中遇到意外事故，马上向主管报告。如果有顾客受伤，则马上通知管理人员，向主管报告事故原因。

（1）事故发生时。

1）对待受伤的员工要像对待受伤的家庭成员一样。

2）对待受伤的顾客要像对待受伤的家庭客人一样。

3）安慰伤者，如果受过急救培训则马上向伤者提供第一时间护理。

4）注意观察，要记下事故的发生情况。

5）如果顾客或员工提出："你们会为我支付医疗账单吗？""我是否要看医生？"可找到相应的管理人员来解决问题。

（2）事故的分析。

1）管理的缺陷。

2）人的不安全行为。

3）事故隐患。

4）意外事件。

5）伤害。

定时做安全检查，对超市门店相当重要，及时地发现问题并及时地解决是风险控制的关键所在。

第二节　超市门店风险控制

一、门店风险控制的流程

（一）基本概念

1. 开店

开店指超市门店做好开始迎接早晨第一批顾客的准备。

2. 开门

开门指打开顾客出入门店卖场的入口门。

3. 关店

关店指超市对顾客而言，到营业结束时间关闭门店。

4. 关门

关门指关闭顾客出入门店卖场的入口门、出口门。

5. 闭场

闭场指门店人员当日结束工作离场。

（二）开店的基本状态

（1）顾客出入口在开始营业前2分钟已经打开。

（2）门口处的地毯已经铺设完好。

（3）营业时间的各岗位已经到位。

（4）营业期间的各监控系统已经打开。

（5）地板无商品、卡板、垃圾、积水等，通道畅通，清洁工作完成。

（6）天花板上的照明已经打开。

（7）店内广播系统已经开始播音。

（8）店内所有的冷气、通风系统已经打开。

（9）开店前的巡视。防损部经理（或主管）、值班经理，每日在开店前利用10～15分钟的时间迅速对整个门店卖场进行一次例行的巡视，主要是检查各种开店前的安全工作和存在的危险隐患，确保为顾客提供一个安全的购物环境。

门店开店前卖场巡视如表5－1所示。

表5－1　门店开店前卖场巡视表

序号	巡视区域	巡视内容	巡视记录
1	顾客出入	玻璃是否裂开或有故障，防盗门是否在开店前已经打开，防风帘子是否良好，天气是否恶劣，脚垫是否铺好	
2	保险柜	是否有异常情况，门是否正常上锁，钥匙是否全部正常控制，现金安全措施是否到位	
3	监控室	营业的监控系统是否打开，交接记录是否齐全	
4	贵重品专柜	柜面人员是否上岗，促销人员是否到位，专柜是否上锁，库存是否有差异	
5	精品区	防损人员是否到位，贵重专柜是否上锁，仓库是否关门，贵重储蓄箱是否上锁，贵重的样品、展示品是否有防盗警示	
6	内仓	普通仓库是否关门，特殊仓库是否锁门，仓库的商品是否堆放在地板上，是否超高或存在倒塌的危险，仓库有无其他安全、消防隐患	
7	紧急出口	紧急出口锁是否正常运转，是否通畅、无垃圾、物品、商品堵塞或临时存放	
8	消防器材	位置是否正确，有无检查表，是否处于良好的工作状态，周围有无垃圾、物品、商品存放	
9	消防通道	是否通畅，照明是否合适	
10	门前停车场	是否有垃圾、卡板、商品等堆放，各种护栏、标牌是否位置正确	
11	地面	有无积水、垃圾、商品等，有无未处理完毕的商品、散货遗留	
12	商品陈列	有无倒塌的危险	
13	单据管理	前一天的各种单据。如收银已交款单据、收银小票、退换货小票直配、直配单据、退仓和退货等单据是否整理完毕	

（三）开门、关门的程序

1. 开门

打开外门→打开内门→检查→打开监控系统→铺设门垫。

2. 关门

收回门垫→关闭门灯→保留照明→保留监控系统→关闭内门→关闭外门。

（四）闭场前的巡视

（1）闭场前的巡视如表 5 - 2 所示。

表 5 - 2　闭场前的巡视表

序号	巡视区域	巡视内容	巡视记录
1	顾客出入口	出入口是否关闭，窗户是否已经关闭	
2	保险柜	是否有异常情况，保险柜和室门是否上锁，夜班结束后，电灯是否关闭，夜间监视系统是否启动	
3	监控系统	夜间的监控系统是否打开	
4	精品区、专柜	专柜、展示柜是否随时上锁，内仓库是否关门，精品区是否关闭	
5	紧急出口、消防器材、消防通道	紧急出口锁是否运转正常，是否通畅，无垃圾、物品、商品堵塞或临时存放，照明是否合适	
6	操作间	非工作带电设备是否全部关闭，电源是否关闭，水源是否关闭，煤气源是否关闭，冷库、冷柜是否关门或封住	
7	店面	是否有易燃易爆商品。是否留有火种	
8	垃圾桶	是否有夹带商品，是否有可回收材料，如纸皮	
9	单据管理	当日工作的单据是否全部收拢整齐，有无遗放在桌面或别处	

（2）当门店在营业时期，进行建筑施工和改造、营业闭场或施工结束时，必须进行必要的安全检查。

闭场安全检查记录如表 5 - 3 所示。

表5-3　闭场安全检查记录表

年　月　日　时　分

检查内容	检查情况	处理结果
门窗关闭		
锁具齐全		
贵重物品入柜		
无易燃易爆危险品		
电源切断，电器设备停用		
无其他治安、火险隐患		
检查人员签名（注明职务、岗位）：		

注：①检查情况一栏中如情况正常打"√"，异常情况打"×"，并详细说明。②处理结果一栏，将问题及处理方法填表上报领导。

二、重点区域的监管

（一）员工出入口的管理

（1）员工出入口设置防损岗位。只要员工通道打开，岗位就要实行连续值勤制度。

（2）防盗电子门储物柜若干，防盗电子门是用来防止员工等偷盗商品的行为，储物柜是为来访人员暂时存放物品的。

（3）检查员工的上下班考勤、工作餐考勤，员工进出是否按规定执行考勤制度，有无未打卡或未登记、请人代打卡、替人打卡等违规事件。

（4）非上下班、工作餐的员工进出，是否有管理层的批准，并登记员工的进出时间。

（5）员工是否将私人物品带入超市，如属于必须带入超市的物品，是否已进行登记处理。

（6）员工是否盗窃公司财物，是否将禁止带出超市的物品带出，特别是防盗门报警的时候。

（7）对外来的来访人员进行电话证实、登记、检查携带物品等。

（8）对携带出店的物品进行检查。对所有在本通道携带出的物品进行检查。主要有人员的提包（判断提包中物品是否属于私人所有），属于超市的物品是否有管理层的批准等。

（9）管理规定。

1）外来人员进入超市要进行登记，除指定的财务人员，其他人员不准带包进入卖场，必须携带物品出入的，应办理登记手续，出入时需主动示包，接受防损员检查。

2）所有当班员工（含促销人员）在工作时间内，必须且只能从超市的员工通道出入（特别授权者或授权岗位者除外）。

3）所有进出人员都必须主动配合防损员的安全检查，自动打开提包或衣袋，接受检查，尤其是防盗电子门报警或在防损员提出检查的要求时，要予以配合。

4）员工的进出，物品的携出、归还必须有管理层的书面批准，防损员核实后放行。

（二）收货口的管理

1. 设置

（1）人员设置。收货口设置防损员岗位，只要收货通道打开，岗位实行连续值勤制度。

（2）设备设置。收货口卷闸门设置防盗报警系统，如未经密码许可强行打开，则报警。

2. 监管要点

（1）收货口门禁管理。防损员同收货部主管共同负责收货门的打开和关闭。

（2）由防损员协助维护现场的收货秩序。

（3）查处收货人员和供应商的各种不诚实行为、作弊行为，查处收货人员接受贿赂或赠品的行为。

（4）供应商人员进出管理。供应商人员必须在收货区指定的范围内，超出范围或需要进出超市楼面的，必须办理登记等相关手续、出入安全检查手续。

（5）超市员工的管理。任何部门的任何人员（除收货部授权员工和授权岗位），都不能从收货口进出。

（6）所有商品的进出都必须有清单同行。

（7）收货的管理。对重要的收货程序进行检查，保证所有的收货数量、品名均正确，保证所有已经进行收货的商品放入收货区内。

（8）检查是否是本超市的员工亲自进行点数、称重的工作。有无供应商帮助点数、称重现象，或重复点数、称重的现象。

（9）非商品收货的管理。对于供应商的赠品、道具等商品进出，必须核实收货部是否正确执行相应的收货程序，是否正确使用单据、标签。

（10）退换货的管理。对每一单退换货必须进行核实，核实品名、包装单位、数量、换货的品种是否正确以及单货是否一致，保证所有出超市的商品必须正确无误。

（11）出货的管理。对转货或个别大单送货，防损员必须逐单核查，包括封条、品名、数量、包装单位，并目送货物离开收货口。

3. 管理规定

（1）所有收货的员工和供应商人员必须诚实作业，不得有故意作弊和损害公司利益的事情。

（2）公司员工不得接受供应商任何形式的贿赂和馈赠。

（3）收货或退货时，商品必须按流程分别放置在不同的区域，如收货区、准收货区、已收货区等。

（4）供应商人员进入已收货区必须办理登记手续，进出实行安全检查，所有超市人员（除授权人员、岗位），均不得在收货日进出。

（5）非商品的收货，必须有赠品的标签和"道具携入/携出清单"手续。

（6）防损员对每一单的退换货、每一单的出货、每一单的物品离场进行检查，对收货进行抽查，特别是精品、家电、化妆品等贵重物品，对所有已经收货的商品必须监督是否在已收货区。

（三）垃圾管理

1. 人员设置

垃圾需要从规定的通道运出时，防损员到岗把守通道，进行检查。

2. 监管要点

（1）检查生鲜垃圾桶是否有异常情况，所有的垃圾是否属于该丢弃的范围，垃圾是否经过处理。

（2）检查垃圾，保证所有垃圾中无纸箱、纸皮等可以回收的废品。

（3）回收纸皮不得在超市营业区域进行，应归入划定位置。

（4）检查超市的垃圾袋，检查收货用的垃圾桶，保证所有报废商品已经经过相应的处理程序和处理手段，保证使其彻底失去使用价值。

（5）没有执行报废手续的商品不许混杂在垃圾中。

3. 管理规定

（1）按卫生检疫部门的要求，超市中的生鲜垃圾必须同其他垃圾分开，并放置在不同的地方等待处理，原则上生鲜垃圾每日必清。

（2）超市中所有垃圾，只能由垃圾专用通道离开商场，离开商场前的垃圾，必须进行处理，保证所有垃圾已经失去价值。

（3）防损人员必须对丢弃的商品实行严格的检查制度，避免商品混杂在垃圾中离开商场。

（4）可以回收利用的纸皮，不属于垃圾范围，按有关协议进行处理，离开商场必须经过规定通道接受检查，所有纸皮只有在完全压实后，才能离场。

（5）空纸皮箱不能离场，也不可进行零星售卖或送与客人、供应商等使用。

（6）门店员工自己不允许购买或带走空纸皮箱。

4. 商品空包装处理

（1）门店中任何时候发生的空包装，应由店长或负责人判断是包装损坏还是人为偷盗；属于前者的，则做退换货处理，属于后者的，则由防损人员处理。

（2）在门店的隐蔽角落或夜班等，发现数量较多的空包装，必须进行报案，按内部偷盗处理。

（3）门店应明确专人兼职对商品空包装进行登记报废处理。

5. 门店钥匙管理

（1）确保各门店出入口门、专柜、内仓、保险箱、设备房锁匙专人管理，且可靠、有序。

（2）门店的各类钥匙应由各门店第一负责人分配给可靠员工保管，出入门钥匙实行分别管理、互相牵制的办法，不允许出现同一个人拥有进出商场门所有钥匙的情况，其余部分的钥匙应明确专人保管，不得悬挂在门店里的任何场所。

（3）所有多余的钥匙都应交到公司行政管理部封存。

（4）个人保管的钥匙一旦丢失，应立即向门店第一负责人和行政管理部汇报、及时更换门锁。

（5）钥匙保管人员应严格保管经营的钥匙，未经公司管理部门批准许可，不得给非本锁钥匙保管人，如因钥匙管理不善而造成相关损失由相关责任人承担。

（6）所有钥匙各部门店不得私自配置、复制；如有需要应报经公司行政管理部批准后，由公司制定专人复制，复制时应由两人或两人以上进行，复制好的钥匙在交付门店时应做好监督和记录。

（7）在钥匙使用中，钥匙不得随意挂于门锁上。

（8）各门店保险柜钥匙和密码由专人保管和更换，保险柜钥匙必须随身携带，保险柜密码每天要启用，不能泄露给其他人员，辞职或人员更换时必须及时更换密码。

（9）人员离职或调动时，保管的钥匙应列入移交，重要门锁应立即更换。

（四）精品区管理

1. 设置

（1）人员设置，精品区及其出口处设置防损安全员岗位，营业时间内岗位实行连续值勤制度。

（2）设备设置。精品区出口处设置电子防盗门系统和门禁系统，前者对偷盗商品进行报警，后者则对无密码开门进行报警。

2. 监管要点

（1）顾客只能从进口进入，从出口出去。

（2）顾客不能将非精品区的商品带入精品区内，只能暂放外边。

（3）顾客在精品区内购买商品，必须在精品区内结账。

（4）检查顾客的小票是否与商品一致，特别是收银员的包装是否符合精品区商品的包装要求。

（5）解决电子防盗门的报警问题。

3. 管理要求

（1）精品区的结账商品的包装、小票的处理必须符合超市关于精品区的有关规定。

（2）精品区的柜台或展示柜是否非销售时，随时上锁处于关闭状态。

（3）精品区的外放贵重样品，是否全部采取标签防盗措施。

（4）精品区柜台销售商品是否采取先付款、后取货的销售方式。

（5）精品区的防损员不能代替收银员做任何工作。

（6）精品区的防损员有责任监控精品收银台的现金安全。

（五）高损耗区管理

1. 设置

超市除精品区外，比较容易产生损耗的区域有日化用品、文具用品、高档内衣用品，鞋类区域、试衣间等。

节假日或日常应不定时地安排防损员巡视该区域，以发现异常顾客。

2. 监管要点

（1）监管顾客的不良行为，及时发现盗窃行为，如拆商品包装、将其他商品放入某商品包装中、调换包装、往身上藏匿商品、破坏防盗标签等。

（2）检查店面人员在防盗方面的工作疏忽和漏洞。

（3）检查试衣间的员工是否执行试衣间的发牌和收牌、检查核实的制度。

3. 管理要求

(1) 店面人员正确执行防盗标签的管理和使用规定。

(2) 店面人员正确执行价格标签的管理和使用规定。

(3) 试衣间的员工执行试衣间的管理和使用规定。

(4) 高档贵重商品每回一清，即交接班对账。

(六) 超市入口管理

1. 设置

超市入口设置防损员岗位，营业时间实行不间断值勤制度。

2. 监管要点

(1) 禁止所有员工在上班时间内从超市入门处出入。

(2) 所有顾客进场秩序良好，无拥挤现象。

(3) 超过尺寸的提包，提醒顾客进行寄存后才能带入超市。

(4) 顾客不能将与本超市类似的、一样的或难以区别的商品从入口带入超市，要进行寄存后才能进入。

(5) 保证顾客遵守其他的入场购物规定，如不能带宠物。

(6) 雨雪天气入口处是否已经铺设防滑垫、是否分发雨伞袋给顾客等。

3. 管理规定

(1) 顾客进入超市注意事项的有关规定。

(2) 存包的有关规定。

(3) 恶劣天气时出入的有关规定。

(4) 文明服务顾客、迎接顾客的有关规定。

第三节　商品、物品的风险控制

一、商品进出的防损风险管理

(一) 商品外出促销的管理制度

因经营需要到收银台以外区域进行商品促销活动的，可以按照以下方法操作：

(1) 厂家或部门主管提出书面申请交店面负责人签批，并确认费用金额，厂家到财务部按规定交纳相应的费用，并将收据交店长签字后，由防损部经理安排具体的促销事宜。

（2）促销单位到商品所属部门借货，将外借商品整理好放在指定通道口。由促销单位与防损部经办人共同负责清点后登记在"外借商品登记表"上，并由商品部门、防损员签字确认。如有随货赠品的，应办理"赠品发行证明"（"外借商品登记表"一式二联，第一联防损部转财务部，第二联防损部留存备查）。

（3）促销完毕后必须从原通道进入卖场，由防损部指定人员与商品部门共同验收。促销售出的商品由防损部人员陪同到收银台付款，并将收银票附在登记表第一联备查，或将收银票号登记在外借单上。其他没有售出的商品由商品部门返还卖场。

（4）场外促销所用商品必须是卖场内商品，严禁厂家自带，凡没有办理外借商品手续的，防损部有权禁止其进行促销活动（以"外借商品登记表"为准）。

（5）凡进行场外促销活动，应按规定到财务部缴纳足额费用，并由店长签字确认后防损部方可给予安排促销事宜。否则防损部不予办理并做清场处理（以收款收据为准）。

（6）各厂家和部门应按防损部指定的场所进行促销活动，不得乱圈乱占促销场地，否则防损部有权取消其促销资格。

（7）各部门和厂家办理商品外借、返还手续时，必须从规定的通道进出，且手续必须齐全。促销完毕进场时，所售的商品必须在第一时间由防损员陪同到收银台付款。

（8）各厂家在进行促销活动时售出商品，不得以非卖场内的商品进行补货。

（9）"商品外借登记表"由财务部登记、发放、回收、检查，由防损部保管、使用。凡丢失单据一张，处罚当事人，如造成商品损失经查属实的，由责任人承担。

（10）借货商品必须当日借当日还，逾期不还的由财务部予以处罚。

（11）凡因外出拍照、维修、政府职能部门进行商品检验以及总经理授权的其他商品的外出，必须由商品所属部门办理借货手续，并由防损部监督回收或结款。其他形式的商品，严禁以外借方式带出。

（二）商品入库、验收的防损管理

（1）各店收货区设立专职的防损员参与商品验收，主要负责收货区进出人员的管理、仓库进出商品的登记与管理。

（2）收货员必须按验收单仔细检查商品的验收条件，所有商品必须由收货员检查，不得由供应商负责。

（3）收货员在完成商品验收后必须将验收单交给收货口防损员进行复核。防损员重点要对商品包装规格、数量、重量、名称及质量进行抽查，经确认无误后签名。经检查发现与实际不相符的，对收货员进行处罚。

（4）防损员抽查完毕后，验收单交录入员打印电脑入库单，并登记在"进货商品登记表"上。

进货商品登记表样表如表5-4所示。

表5-4   进货商品登记表

厂家名称	商品名称	送货单号	商品价值	收货员	电脑单号	进货时间	防损员	备注

（5）电脑入库单必须交收货员、防损员、厂家三方复核签字，最后交审单员审核方为有效。

（6）所有专柜商品的验收由柜组人员、收货员共同负责，生鲜现金采购商品的入库验收由生鲜收货员、防损部指定人员和柜组负责人共同进行。

（7）其他规定按商品验收流程规定执行。

（三）注意事项

（1）严禁非订单商品入库，商品在没有验收前严禁进入商品暂存区域。

（2）收货区和商品暂存货区严禁外部人员进入。

（3）防损员有权拒绝"三无"产品、明显变质、内外包装损坏等不合格或超过保质期限的商品进入。

（4）手工验收单与电脑入库单必须由现场的收货员和防损员签字。严禁事后补签、货未到输空单、签空单的现象发生，如造成损失由责任人承担。

（5）如防损员工作失职，人为造成商品不能及时入库及验收，影响商品销售或给公司造成损失，由收货部门负责人报店长进行处罚。

（6）如因收货员、防损员检查不力造成入库商品质量或数量上的缺损由签单人承担一切损失。

二、报损商品的防损风险管理

（一）有电脑库存商品的报损管理

（1）由柜组人员收集报损商品，填写手工报损单（一式三联）交相关部门负责人（柜组、防损部、财务部、店面）签字确认。

（2）防损部经理依据手工报损单与实际商品进行核对，主要检查：

1）是否达到报损条件。

2）造成报损的原因。

3）是否存在异常报损。

4）单据与实际商品是否一致。

5）单据的内容是否齐全。

（3）经核对无误后，防损部经理在手工报损单上签名，并回收报损单第三联备查，报损的商品暂放指定地点保管（卖场内）。

（4）柜组负责人持手工报损单到电脑部打印电脑报损单三联单，并将第三联交防损部备查。

（5）柜组负责人凭电脑单到防损部处理报损商品。

1）场外销毁。

2）提价销售。

3）仓库暂存。

4）转为赠品或内部使用。

防损部经理对电脑单与手工单的内容进行核对无误后，要对报损商品的处理结果进行跟踪检查。

（6）相关规定。

1）所有库存商品的报损核查必须由防损部经理亲自负责。

2）报损的时间，如9：00～12：00，15：00～18：00。其他时间无特殊情况不给予办理报损手续。

3）报损商品报送店面及财务部负责人签字确认前，必须先由防损部经理核查签字。

4）手工报损单上签字不全，电脑部不得打印电脑报损单。

5）经核查如报损商品中存在异常报损或者是由部门或个人原因造成的损耗，由相关责任人承担一切损失。

6）报损商品必须在每天盘点前处理完毕，所有待报损商品必须做到每天清理集中存放。

（二）非电脑库存商品的报损管理

非电脑库存商品是指生鲜自采商品，如熟食、面包、蔬菜、水果、鱼肉、禽蛋等，防损部对其报损的管理如下：

（1）非电脑库存商品的报损必须填写手工报损单一式三联，如100元以下由开单人、值班生鲜经理、防损员签名，100元以上必须由生鲜主管审查等。

（2）防损部必须确认报损商品是否已达到报损条件，是否有好商品或其他部门的商品夹带，并对重量进行确认后签字，最后将报损单最后一联交防损部存档备查。

（3）所有报损商品如在岗位无法实施全面检查时，由防损部派专人到现场进行实地检查。

（4）所有未经报损处理的商品不得随意丢弃。

（5）如属异常报损的，经防损部调查核实后，由当事人承担由此造成的所有损失。

三、赠品、试用品的防损风险控制

（一）赠品与试用品

赠品是厂家和超市为达到销售目的所采取的一种赠送商品之外的额外的礼品。

试用品是厂家和超市为了让顾客直接了解某种商品的效果、口味、质量而提供的试吃、试用的商品。

赠品、试用品产生损耗的现象有：①未经公司同意，厂家私自用卖场内的商品作为赠品馈赠给顾客或给顾客试吃、试用。②内部员工私自拿卖场内的赠品或试用品。③赠品、试用品与销售的商品没有明显的区别。

（二）赠品的管理原则

（1）由厂家提供的随货赠送给公司的商品类赠品，如厂家按"进十送一"或"按量返利"，其处理方法为：

1）将赠品直接摊入成本，降低成本入库。入库数量＝商品数量＋赠品数量。金额不变。

2）赠品作为商品处理，入库单应注明"按量返利，不做结算"，成本为零。

（2）由厂家提供的随货赠送给顾客的商品类赠品，如"买二送一"等。其处理方法是，与商品一起做捆绑销售，赠品不计成本。

（3）由厂家提供的随货赠送给顾客的非商品类赠品，如"买甲商品送乙商品"、"买系列商品达到一定金额送赠品"等。其处理方法是，厂家直接将赠品送到公司，收货部门或防损部加盖"赠品"专用章，由门店服务台凭购物电脑小票赠送给顾客或与商品一起捆绑销售。

（4）由于公司处理库存商品转为赠品的。其处理方法是，由该商品负责人提出书面报告申请，经店长批准后办理报损手续后转为赠品。

（三）赠品、试用品管理操作方法

所有随货进入卖场的商品赠品、试用品应在收货时由收货口防损员进行登记，并发放相应数量的标签交供应商加以标示。赠品、试用品的标签必须贴在原包装的条码上加以覆盖。

（1）不随货进入卖场的商品类赠品、试用品在进入时必须交防损部登记，并加贴识别标签后方可在卖场内使用。

（2）凡不按以上规定执行（原包装的赠品、试用品除外）的，防损部将其视为商品处理，并对使用人予以相应的处罚，无据可查的按内盗处理。

（3）赠品、试用品识别标签一次性有效，收银员在为顾客结账时必须将赠品标签撕掉并销毁，否则予以相应的处罚。

（4）非商品类及不做捆绑销售的赠品原则上统一由服务台凭小票发放，随货捆绑销售的非商品类赠品按第一条执行。

（5）库存商品转为赠品的必须完成报损手续后凭报损单到防损部登记并加贴赠品标签后方可使用，否则对责任部门责任人予以处罚。

（6）生鲜现场加工商品在试吃时，必须经部门主管同意并在场证明，否则按偷吃行为进行处罚。

（7）所有赠品、试用品原则上只进不出（随商品要求赠送的除外），特殊原因的赠品外出必须填写"赠品放行单"，经店长（店值班经理）、防损部与柜组负责人同意后方可外出。"赠品放行单"如表5-5所示。

表5-5　赠品放行单

防损部:
经过店长批准，兹同意＿＿＿＿同事，因＿＿＿＿原因，携带＿＿＿＿赠品出门，请检查放行。 店长（值班经理）：　　　　　　　　　　　　　　防损部负责人： 　　　　　　　　　　　　有效时间：＿＿＿＿年＿＿月＿＿日

（8）严禁任何员工以任何理由私自携带赠品外出，违者以偷窃论处，严禁超标准发放赠品给顾客。

（9）严禁任何员工或促销员私自在卖场内做赠品捆绑，赠品捆绑只能在收货口进行。如未办理手续，私自用库存商品做赠品使用的按内盗行为处理。

（10）各店防损员必须不定期按照"赠品登记表"（见表5-6）的内容对卖场内的赠品、试用品使用情况进行检查，发现超范围使用、违规操作或使用来历不明的赠品、试用品现象的必须按以上规定进行处理。

表5-6　赠品登记表

赠品名称	数量	使用部门	品牌/供应商	进入时间	防损部确认

四、商品的防损风险控制

（一）特殊品项的商品控制

1. 特殊品项的范围

特殊品项是超市中比较容易引起损耗的商品，它们或是高单价商品，或是包装很小容易引起偷盗的商品，抑或是比较贵但又很刺激人们消费的商品。

（1）贵重酒类。如洋酒、中国名酒。

（2）贵重保健品、礼品。

（3）香烟类。

（4）贵重化妆品。

（5）精品百货（手表、照相器材、智能手机等）。

（6）小家电（CD收音机、剃须刀等）。

（7）电池。

（8）小糖果、巧克力、口香糖等。

（9）牙刷、牙膏、洗发水。

（10）各种小文具、精品文具。

（11）进口婴儿奶粉。

（12）卫生用品如毛巾、袜子、短裤、文胸等。

2. 品项的控制措施

品项的控制措施，如表5－7所示。

表5－7　品项的控制措施

品项	出现的问题	控制的重点
贵重酒类	被盗、包装损坏	台账、柜台锁、监视系统
贵重保健品、礼品	被盗、包装损坏、调包	监视系统、人员监管
香烟类	包装拆散被盗、调包	监视系统、人员监管
贵重化妆品	被盗	试用品管理、台账、柜台锁、监视系统
精品百货	被盗、退货	台账、柜台锁、退换货
小家电	被盗、包装丢失、配件不齐	监视系统、柜台锁、商品管理
电池	被盗	自用品管理、监视系统、人员监管
小糖果	被盗、包装损坏、包装拆散被盗	商品管理、人员监管
各种小文具	被盗、包装损耗、包装拆散被盗	商品管理、人员监管
进口婴儿奶粉	被盗	监视系统、人员监管
卫生用品	被盗、污浊、拆包、退货	人员监管、退货控制

（二）内部使用商品的管理

（1）所有员工因工作需要在卖场内使用商品的应以现金采购，严禁任何人和任何部门以任何理由私拿商品做加工原料、办公用品、清洁用品或其他用途。

（2）商品采购人员在选购商品后，应到收银台付款并经收银台防损员盖章，如因工作需要带进卖场的，须向防损部进行登记"内部使用商品登记表"，并张贴区别于其他商品的标签后方可在卖场内使用。"内部使用商品登记表"，如表5-8所示。

表5-8   内部使用商品登记表

使用部门	商品名称	数量	购买时间	收银单号	责任人	防损部确认	备注

（3）商品使用部门和个人不得将标签重复使用。

（4）防损部不定期依据登记表所列的内容对各部门或个人的使用商品情况进行检查，凡发现没有登记、无标签的公司同类商品，除没收外，另以内盗嫌疑对当事部门和当事人进行调查处理。

（5）公司员工进入卖场严禁携带公司同类商品入内。

（6）以上管理同样适用于联营商及各厂家、促销员。

（7）由厂家提供给顾客试吃、试用的商品必须在进卖场时交防损部登记，并加贴标签后方可使用，店面自行组织的必须付款或报损后方可使用。

（三）联营商品的进出管理

联营商品特指与公司合作经营，但商品库存由联营户自行管理，公司不负责其商品进出的部分商品，以上商品在进出店面时必须遵守如下规定：

（1）联营商品进出店面时必须走指定的通道。

（2）因各种原因将联营商品带出卖场的，必须填写"联营商品外出单"（见表5-9），并经所属部门和防损部负责人确认签字后方可外出。

表5-9   联营商品外出单

联营柜		所属部门		外出理由		外出时间	
商品名称				数量		备注	

经办人：   部门负责人：   防损部负责人：

（3）当班防损按照"联营商品外出单"进行核对，凡手续不全或有非联营商品的一律不得带出。经检查无误后，当班防损员收回外出单交防损部备查。

（4）联营商进场时，所属部门负责人必须通知其持已生效的合同到防损部进行登记。"联营商品登记表"，如表 5 –9 所示。

（5）防损部负责人要不定期依据"联营商品登记表"的相关资料对卖场内的各联营户及商品进行检查，凡没有登记的要及时找所属部门负责人进行调查处理。"联营商品登记表"，如表 5 –10 所示。

表 5 –10　联营商品登记表

联营商资料	姓名		联系电话	
	经营类别		所属柜组	
商品名称				

部门负责人：　　　　　　防损部负责人：　　　　　时间：

（6）防损部负责人在审核联营商品外出时，必须以登记资料为准进行核对。

（四）专柜商品管理规范

专柜销售的商品多为贵重商品和易失窃的商品，设立专柜的目的是为了防止损耗，因此专柜商品必须采取实物负责制，建立专门的进、销、存台账，具体如下：

（1）专柜商品的验收由收货部与柜组共同负责。

（2）专柜人员在收到与销售每一笔商品时必须在台账上进行登记。

（3）专柜人员在交接班时必须依据台账进行盘点，并签名确认，发现差异必须立即报告，如隐情不报，除补足差额外还要另追加处罚。

（4）防损部、财务部应不定期对专柜商品与台账进行抽查，发现凡不按规定登记、交接、盘点的，对柜组人员进行罚款处理。

（5）每月店面统一盘点专柜商品如出现损耗，由专柜人员分摊损失，从工资中扣除。

（五）零散商品的管理

（1）遗留在收银台的商品由收银台防损员及时收集，并分类放在指定的位置。

（2）遗留在卖场各部门的零散商品由各理货员和现场防损员共同负责，摆放在本区域的指定的专用购物篮里。

（3）生鲜、冷冻商品由现场发现人员第一时间归位，防止商品变质与损坏。

（4）收集零散商品必须在交接班及关店前或达到一定数量时进行归位，防止商品流失。

（5）各部门必须指定零散商品的摆放位置并指定负责人，收银台的零散商品由防损员负责。

（六）购物车、篮的管理

（1）购物车、篮的摆放位置由防损部经理指定，重点保障顾客入口处和现场各区域有足够的购物车、篮供顾客使用。

（2）收银台是购物车、篮的暂停场所，不得存放过多的购物车、篮，以免影响收银台秩序或造成卖场内购物车、篮的短缺。

（3）各部门员工必须及时清理卖场内零散的购物车、篮并摆放到指定位置，以保障购物通道的畅通及卖场的整齐。

（4）严禁任何人将购物车、篮带出收银台，如顾客需要必须有员工跟随方可放行。

（5）防损员必须及时收集、整理各收银台的购物车、篮并按规定摆放在指定区域。

五、大宗购物（团购）商品外出的防损控制

（一）正常付款外出的检查

（1）大宗购物商品的外出由接待部门整理装箱后到收银台付款打单。

（2）由防损部经理或防损部主管组织防损员按照清单对商品进行逐件核对，每检查完一样商品在收银条上进行注明。

（3）重点要对商品品名、数量、规格进行检查，防止商品造成过多失误。

（4）每检查完一箱商品就进行封存，并与未验商品区别存放，直到检查完所有的商品。

（5）盖章放行。

（二）欠款外出的检查

（1）大宗购物的货款采取"谁经办，谁负责"的原则，如发生损失由经办人承担，并追究审批人的领导责任。

（2）对未事先付款的大宗购物商品必须到收银台进行正常的输单，打印收银条，经办人在收银条上签字，并根据收银条出具欠条给收银领班（注明欠款商品数量、总金额），团购申请单留在收银领班处。

（3）防损部、仓库管理员凭签字的收银条验货、发货。

（4）检查的程序按正常付款外出的检查程序执行。

（三）特别要求

（1）所有商品外出必须开箱检查。

（2）任何个人不得以任何理由在未办理手续的情况下带商品外出。

（3）严禁从其他通道结账外出，如情况特殊必须经店长同意，并按照正常的结账及检查程序执行后方可放行。

"外出商品登记表"，如表 5 – 11 所示。

表 5 –11　外出商品登记表

厂家名称	商品名称	外出原因	商品价值	收货员	电脑单号	外出时间	防损员	备注

第六章　门店突发事件应对

第一节　门店一般突发事件的应对

门店安全管理包括对卖场的人员、商品、设备、现金的管理，预防其遭受天灾人祸而造成损失，一旦发生突发事件的应变处理及补救措施，会把损失降至最低程度。

一、门店日常安全管理

（一）防火安全管理

（1）严禁在卖场、后备仓、配电房及存放纸箱的地方吸烟。

（2）灭火器每周检验一次，消防设备不得有物品阻隔，方便拿取，保证经常处于待用状态。

（3）灭火器应有专人保管，定点存放。员工须清楚灭火设备的摆放位置，熟悉"三懂三会"。

1）三懂。

①懂经营中火灾的危险性。

②懂预防火灾的措施。

③懂火灾的扑救方法。

2）三会。

①会扑救初期小火。

②会使用消防器材。

③会报警，"119"或"110"。

（4）防火通道保持畅通，不准摆放物品堵塞通道，安全出门灯醒目，营业中安全出口禁止上锁。

（5）注意保护天花板的消防管道、喷淋头，防止被货物、物品撞击漏水，商品摆放距离喷淋头不少于20厘米。

（二）用电安全管理

（1）店内一切用电器具由专职或兼职设备管理员（须持电工证）进行管理，不得随意挪动及违反规定使用。未经允许，不得增加电器设备。用电器具的施工操作由专职或兼职设备管理员执行，严禁无电工证者对用电器具进行施工操作。

（2）使用插座与用电器具要配套，不得将裸露的电源线直接插在插座上，如有接头的地方，须包上绝缘胶布后才可使用。禁止使用潮湿的接触开关或插座。

（3）用电器具使用时，插好插座后方可打开电器开关。

（4）使用1000瓦以上电器（如热水器、电饭锅、微波炉等大功率电器）时，独立使用一个插座并不得同时使用两个以上大功率电器，以免造成线路过载，引起短路或火灾。

（5）门店配备的微波炉只做加热食物用，不准做长时间的煮食。

（6）严禁在店内使用明火电炉等不安全的电器用具。

（7）不能在电器设备（如电线、射灯、电掣等）上吊挂宣传品或其他物品。

（8）不能在电器控制箱周围放易燃物品。

（9）营业时间不得用电施工。使用电焊等带火花的设备时须做好防护措施。

（10）照明灯具按如下要求操作：

1）注意在关闭各个分开关后才能合上照明总开关。

2）上班前确认照明总开关合上后，根据需要逐个送上分开关。

3）下班前熄灯方法为逐个拉下分开关（照明总开关原则上不要关）。

（11）备用电源（应急灯、备用电池）经常处于良好的备用状态。用过之后，及时充电（应急灯充满电后会自动停电）。

（12）如遇火灾、水浸停电或其他特殊情况，将超市内所有用电器具的插座、照明开关拉下，确保安全。

（13）专职或兼职设备保养员每天必须检查电源情况，如发现缺项、电压过高或过低，立即找业主和公司工程主管部门，并跟踪处理。

（三）防水、防风、防破坏管理

（1）店内商品（包括后备仓商品）均须垫高10厘米摆放，不得直接放在地上。

（2）有漏水、水浸问题的门店，当有大雨预告时，须做好商品的垫高、遮挡、转移摆放或装上防水闸等工作。

（3）下水道容易淤塞的门店，要经常检视沙井、排水泵的情况，一旦发现有淤塞先兆，及时通知工程管理部门安排人员进行清理，做好预防工作。

（4）当刮台风、气象台挂起风暴信号时，须检查门店灯箱招牌是否稳固；风暴过后，检查门店的各项设施是否受到损坏，如有问题，即时上报工程管理部门。

（5）如发现有不明来历的可疑物品，须即时上报防损部经理及店长，以做出适当的处理。

（6）如有人企图勒索，要注意应对技巧，把问题交区域督导或营运部经理处理；如有发生骚扰营业、破坏门店设施的可即时报警。

（四）安全检查表及其使用

（1）安全检查工作每周进行一次，就"安全检查表"（见表6-1）的内容逐项进行检查填写，"安全检查表"须经门店店长审核，填写完毕交营运部备案。

表6-1　安全检查表

店铺名称：　　　　　　　　　　　　　　　　　　检查日期：　　年　月　日

检查项目		检查结果及整改情况	备　注
1. 紧急出口	（1）所有紧急出口是否畅通？		
	（2）紧急出口是否上锁？ 遇紧急状况可否立即打开？		
	（3）紧急出口灯是否明亮？		
	（4）警报器是否性能良好？		
	（5）紧急照明灯插头是否插入电源？ 性能是否良好？		

续表

检查项目		检查结果及整改情况	备 注
2. 灭火器	（1）数量是否符合要求？		
	（2）灭火器是否到位？		
	（3）灭火器指示牌是否挂好？		
	（4）外表是否干净？		
	（5）灭火器性能是否良好？		
	（6）灭火器有无过期？		
3. 消防栓	（1）是否容易接近？		
	（2）有无被挡住？		
	（3）水源开关是否良好？		
	（4）是否可立即操作？		
4. 急救箱	（1）有无放置急救箱？		
	（2）箱内的常用药物是否齐全？		
5. 电器设备检查	（1）机房是否通风良好？里面有无堆放杂物？		
	（2）电器插座是否牢固？有无损坏？		
	（3）电线是否依规定设置？		
	（4）电器物品是否性能良好？能否被正确操作？		
	（5）冷冻库温度是否正确？有无杂乱现象？		
6. 消防安全注意事项	（1）有无编制"应变处理小组"？员工是否知道自己的任务？		
	（2）是否张贴防火器材位置图及防火疏散图？		
	（3）员工是否知道如何正确使用灭火器材？		
	（4）紧急报警电话是否附在电话机上？		
	（5）是否定期举办防火演习？		

续表

检查项目		检查结果及整改情况	备　注
7. 一般安全	(1) 电梯是否正常使用? 有无定期保养?		
	(2) 新进员工有无实施安全教育?		
	(3) 铝梯及推车有无损坏?		
	(4) 商品堆放是否符合安全规定?		
	(5) 卷闸门操作是否正常?		
	(6) 员工是否有安全意识?		
	(7) 下水道是否淤塞?		
	(8) 收货方法是否符合规定?		
8. 防损	(1) 贵重商品管理是否符合规定?		
	(2) 拿出超市的纸箱、垃圾、管理人员是否检查?		
	(3) 货币现金管理是否符合规定?		
	(4) 安全设施是否良好?		
	(5) 各项记录本是否如实填写?		
	(6) 办公室及柜子是否依规定管理?		
	(7) 保险柜及收银机抽查是否遗留款?		
	(8) 商品验收作业是否符合规定?		
	(9) 是否抽查员工储物柜及携带的手袋?		
	(10) 员工及顾客盗窃案是否妥善处理?		
	(11) 顾客滋扰案件是否妥善处理?		
	(12) 其他有关安全事项的处理是否妥善?		

(2) 检查过程中发现隐患的,门店店长跟踪整改,直至整改完毕。

(五) 安全隐患及处理程序

(1) 门店发现安全隐患后,须即时进行整改,普通员工处理不了的通知兼职设备保养员进行整改。

(2) 兼职设备保养员处理不了的,由兼职设备保养员通知区域设备维护员进行维修。

（3）区域设备维护员处理不了的，按设备维护保养程序报批，请外协维修。

（4）属于"安全检查表"所列的安全隐患的须于发现当天整改完毕，不得拖延到第二天。

（5）不论发生什么事故，首先应保持镇定，沉着冷静。

（6）依照规定的处理办法，迅速而且适当地做出处理。

（7）员工须牢记：隐患险于明火、防范胜于救灾、责任重于泰山。

二、一般突发事件的处理

（一）政府机关检查

1. 发生情况

（1）工商（物价）检查项目。

1）营业执照有效期，是否悬挂明处。

2）名称、经营地址是否一致。

3）商品是否超出经营范围。

4）商品标签是否符合规定。

5）是否明码标价。

（2）税务检查项目。

1）足否办理税务登记。

2）有否偷税漏税。

（3）环保检查项目。

1）排污（噪声、污水等）是否超标。

2）排污方式是否适当、合法。

（4）卫生（防疫站）检查项目。

1）卫生许可证有效期，化妆品、保健品证件是否齐全。

2）食品（尤其是熟食）是否符合卫生要求。

3）包装食品是否有标签。

4）专柜装修、配置设备是否符合卫生要求。

5）食品从业人员是否有健康证、是否经过培训合格。

6）仪容、仪表是否符合卫生要求。

（5）消防检查项目。

1）消防设施是否符合法律规定。

2）是否经过验收合格。

3）安全通道是否保持畅通。

4）防火设施是否被阻挡。

5）消防门是否关闭上锁。

（6）城管检查项目。

1）是否越线摆卖。

2）超市范围外是否存在乱搭建、乱张贴、乱悬挂的现象。

（7）技术监督检查项目。商品是否符合品质计量标准化要求，有无商品变质存架。

2. 预防办法

（1）严格按政府部门的规定执行，自查自纠，防止触犯相关法律法规。

（2）按照"安全检查表"的项目进行检查对照。

3. 处理办法

（1）请对方出示有效证件。

（2）热情接待，耐心解释，注意说话技巧，语气态度要诚恳，不与其顶撞。

对方发出"处罚通知书"的，立即通知超市营运部，告知处罚内容，第一时间把"处罚通知书"送致公司营运部处理。

（3）对口头的要求，要记住原话，并表示门店无权处理此事，会尽快通知上级领导给予答复，事后立即通知营运部经理。

4. 善后处理

针对检查问题，再全面自我检查，能够整改的马上整改，门店整改不了的，通过营运部通知总部相关部门跟进并落实，直到问题完全解决。

（二）盗窃

请参阅本书第四章。

（三）顾客损毁商品

请参阅本书第四章。

（四）骗取现金商品

请参阅本书第四章。

（五）轻微意外伤害

1. 发生情况

因门店设施造成轻微伤害，如割伤、商品掉下砸伤、摔伤等。

2. 预防措施

（1）随时巡视卖场，移开障碍物。

（2）商品、设施定时整理，避免掉落松动。

（3）注意卖场内顾客的需求。

（4）设置药箱，备有棉签、碘酒、止血贴、风油精等。

3. 处理办法

（1）向顾客道歉。

（2）协助顾客处理伤口，如处理不了的，协助顾客到医院诊治。

（3）改善卖场环境。

（六）信息外泄

1. 发生情况

（1）询问营业资料。

（2）假借国家机构调查情况。

（3）竞争对手调查商品价格。

2. 预防措施

（1）未经店长或总部授权，不得对外提供任何营业资料。

（2）严格遵守保密规定。

3. 处理办法

（1）走上前去询问是否需要协助，阻吓其行为。

（2）查验对方证件，并请示营运部如何处理。

4. 善后处理

（1）及时检讨信息管理办法是否得当，处理技巧有无失当之处。

（2）将发生的情况及处理经过填写"门店一般事故记录表"（见表 6 - 2）报告营运部。

（七）顾客取闹

1. 发生情况

（1）商品发生问题，顾客提出索赔要求。

（2）价格错误，顾客与店员意见不一致。

（3）顾客遗失物品要求赔偿。

（4）顾客在现场受到伤害，要求赔偿。

（5）顾客被认为是偷窃嫌疑人，发泄不满。

2. 处理办法

（1）原则。

1）设法让顾客了解这是他的错。

表 6－2   门店一般事故记录表

档案编号：	收表日期：

门店名称：

事故分类：（请在□打"√"）

骗取现金商品□	员工纠纷□
冷气失灵□	纠党滋事□
冷柜失灵□	顾客纠纷□
警钟鸣响□	轻微伤害□
顾客损毁商品□	偷窃□
顾客取闹□	信息外泄□
漏水□	多收/短收款项＿＿＿＿元□

其他＿＿＿＿＿＿＿＿＿＿

事发时间：　　　　　　　　年　月　日　时　分

事发地点：

在场人士：

事故原因过程：

处理过程：

建议：

填报人姓名：＿＿＿＿＿　　签署：＿＿＿＿＿

填报日期：　年　月　日

说明：如报警则必须即时上报。

（一式两份：门店自存一份，送总部营运部一份）

2）店方赔偿损失以最少为原则。

3）不要在刚开始时，由最高主管处理，而应在起初时，由中、低级职员先行处理。

4）与顾客谈判的技巧事先考虑周详。

5）处理的结果，最好是让顾客高高兴兴地回家。

（2）程序。

1）先了解现场取闹的原因。

2）将顾客带离现场。

3）跟顾客热情地沟通，若无法沟通，请上级处理。

4）若金额不大时（不超过 100 元），可以当场将事情解决，损失由超市负担，若金额数目过大时，请上级处理。

5）若顾客要求不当、不合理时，可以请派出所民警协助处理。

3. 善后处理

（1）安抚受委屈的员工，表扬其为了大局而克制自己的态度。

（2）与员工探讨处理类似事件的技巧和应采取的态度。

（3）把事情经过和处理办法填写"门店一般事故记录表"报告营运部。

（八）顾客纠纷

1. 发生情况

在门店里顾客之间因购物、排队等引起的吵架、打斗等情况。

2. 处理办法

（1）向双方道歉，把顾客分隔开，让顾客平心静气。

（2）倾听顾客的叙述，了解发生事件的原因，但不做判断。

（3）维持现场秩序，保证营业正常。

（4）如顾客不听劝告，并控制不住场面，可打"110"报警。

3. 善后处理

（1）吩咐员工坚守岗位，疏导顾客。

（2）检查服务措施有无不当之处，如有，即时改善。

（3）填写"门店一般事故记录表"报营运部。

第二节　突发事件的应对

一、严重突发事件的处理

（一）突发事件处理的原则、种类

1. 突发事件处理原则

（1）预防为主，计划为先。做好日常的安全防范工作，消灭隐患，减少紧急事件的发生。如保持地面无水渍，就可以减少顾客滑倒摔伤而发生的意外事件。

（2）处理迅速、准确、有序、有重点。发生紧急事件后，保持镇静，有序组织事件的处理，安排事情要责任分明，岗位确认，反馈迅速，一切行动听从指挥，随时调整策略以应付情况的变化。

（3）以人为先，减少伤亡，降低损失。人的生命是最珍贵的，因此所有救援的重点首先是保全和抢救人的生命，其次才是减少财物损失。

2. 突发事件的种类

（1）火灾。商场内发生火灾，有一般火灾和重大火灾之分。

（2）恶劣天气。指台风、暴雨、高温等天气。

（3）人身意外。指顾客或员工在商场内发生的人身意外，包括意外事故伤害、一氧化碳中毒、电击等。

（4）突然停电。没有任何预先通知的情况下，营业时间内的突然停电。

（5）抢劫。匪徒抢劫收银台的现金。

（6）示威或暴力。由政治性原因引起的游行示威行动。

（7）骚乱。商场内发现可疑物或可疑爆炸物。

（8）威胁（恐吓）。商场收到信件、电话等威胁或恐吓。

（二）紧急情况工作程序

1. 紧急情况下表示的暗语代码

出现紧急情况时，商场使用以颜色来命名的代码通过店内广播进行联系，可以有效地避免超市门店内顾客出现惊慌、混乱，发生意外。以下是这些代码的含义和使用要求。

紧急情况预警：

（1）红色。表示火灾。

（2）蓝色。表示炸弹威胁。

（3）黑色。表示恶劣天气。

2. 代码行动

（1）红色代码——火灾。当发现火灾时，立即前往广播站通知管理人员，告知火灾的位置及具体情况。如"在日杂区发生火灾，请发出红色代码并派遣工作人员带灭火器来"。管理人员将通知消防部门并组织疏散和灭火。

如何使用灭火器：

1）拉开保险栓。

2）将喷嘴对准火根。

3）挤压手柄，短促地向火场喷射灭火剂。

4）将燃烧的地方与易燃品隔离开来。

（2）蓝色代码—爆炸危险。在听到蓝色代码广播时门店须即时开始疏散，告诉顾客商场要断电，以免引起顾客恐慌。要求顾客向就近的紧急出口疏散，并尽可能提供帮助。放弃购物，但请带走自己的私人财物。

（3）黑色代码——恶劣天气。如果店内广播播放黑色代码，则尽快帮助顾客向中央集中。

1）离开墙壁。

2）离开玻璃。

3）离开大门。

4）躺下并遮盖好。

一般来说顾客集合区是店内安全地方，支柱之间的部分是建筑中最牢固的地方，这些区域不能堆放过多的物品。

（三）突发事件处理组织应对

应对突发事件，门店平时就要有组织预案，而且要设立一个突发事件应对小组，小组在突发事件发生时成立总指挥部，负责组织、指挥与协调。

1. 门店突发事件小组

（1）总指挥。由门店店长或副店长，负责指挥、协调突发事件现场的作业，掌握全局事态的发展动向，并及时向总部汇报事态发展的状况和解决处理的结果。

（2）副总指挥。由门店分管副店长、防损部经理，协助店长指挥，执行各项任务，负责对外报警及内外通信联络，发生火灾时要负责截断所有电源，实施临场全面的救火工作，控制灾情的进一步扩大。

（3）应变小组办公地点设在防损部。

2. 应变小组的编制及权限

处置突发事件时，总指挥部下应设 5 个分组。

（1）救灾组。分组长由防损部经理担任，其成员为防损员组成。主要任务是负责各种救灾设施和器材的检点、维修和使用，水源的疏导、障碍物品的拆除，以及灾害的抢救或抓获围堵犯罪分子和中心现场处置工作等。各项消防设施及器材应予以编号，并指定防损人员负责，以免发生抢用情况。

（2）人员疏散组。组长由营运各部门主管或防损部主管担任，组员由防损员、广播员、客服员及各卖场办公室成员、部门主管组成，主要任务为疏散顾客及现场其他人员，保障他们的生命安全。

1）播音。广播员要及时用预警语言广播店内的发展状况，语音沉着，语速和平常一样，不能过分紧张，否则可能导致局势难以控制。

注意此类广播事先须有店长或在场最高负责人的许可。广播内容要重复播放。

2）打开通道。防损员要尽快打开所有安全门、紧急出口以及收银通道。

3）疏散人员。要迅速疏导顾客从安全门出去，正确引导人流进行分流，避免人员过多从一个出口疏散而导致拥挤或事故。顾客疏散完毕后要根据现场情况有序地疏散其他工作人员。

4）防盗。防损人员要警戒灾区四周，防止他人趁机偷盗商品。

（3）财务抢救组。组长由财务收银部经理（主管）担任，副组长由理货区主办（文员）、收银文员担任。主要负责抢救收银机区域、现金室的现金，电脑中心的重要文件、软盘和电脑设施等。

1）收银区域。收银员立即关上收银机，将现款交给抢救组组长带离现场。现金室人员迅速将所有现金、支票、有价证券放入保险箱内，由收银员和防损员共同带离现场。

2）电脑室。电脑室员工应将重要文件、磁盘、设备等带离现场进行保管。

3）理货区。将重要单据、商品录入验收相关文件、资料等带离现场进行保管。

（4）医务抢救组。组长由行政主管担任，组员由客户服务部主管（文员）、综合办公室文员组成。负责各小组与总指挥部联络，负责伤患的抢救以及紧急医护等任务。

（5）通信报警组。对外报警及内外通信联络等任务，须指定防损部专人负责，但报警的命令必须由店长下达，同时配合医务人员进行伤患抢救和紧急医护。

以上5组，各设组长一名，由资深且经验丰富的人员担任，负责各组人员的任务调度。店小人少的情况下可一人兼多职。

3. 应变处理小组组织预案备案

编制"应变处理小组名单"，呈送总部备案如表6-3所示，在店内相应位置注明各组组长姓名，并把"防火器材位置图"和"防火疏散图"张贴在店内固定位置。使每位员工在应急事件中都能明确自己的责任。要求员工熟悉"防火器材位置图"及"防火疏散图"。全体人员应知道总电源开关及灭火器的位置及使用方法。同时必须每年进行两次全员应急事件的培训、教育，由总指挥（门店店长）定期集合全体员工，讲解灭火设备的功能、使用方法以及逃生的基本常识。每三个月进行一次消防演习。消防演习在营业前进行，增加临场经验。

表6-3 应变处理小组名单

门店名称：　　　　　　　　编制日期：　　　年　　月　　日

序号	姓名	小组职务	替补人	职 责	备注

审核：　　　　　　　　　　　　　　　　　制表：

二、突发事件应变作业程序

（一）消防安全

1. 事前处置

（1）灭火器设置，依《消防法》规定于各店明显处，设置足额的灭火器，由消防组定期保养和检查消防设施、器材，如果灭火设施发生故障或性能过期，应及时向相关部门反映，以便及时处理解决。

（2）防损部文员、经理要每天检查疏散通道和安全门是否畅通，安全标示不能被遮掩，不可阻塞、遮挡逃生标识，或在营业时间将安全门上锁。

（3）进行防火宣传，建立防火意识，绝对禁止在卖场内吸烟；下班前检查电源，关闭燃气罐、抽风机等；随时检查电源插座、电线是否老化、破损，如有则及时处理。

（4）清理垃圾时，应确定其中无火种等易燃物。

（5）随时提醒员工建立下列观念：

1）"星星之火，可以燎原"，不要忽视任何小火苗。

2）养成下班前随手关灯、抽风机及各种电器设备的习惯。

3）注意电源插座及电线插头有无松动或损坏，如有应及时报告门店店长处理。

（6）定期举行防火演习，并要求专柜人员一起参加。每次演习时应通知各辖区消防主管单位委派指导人员。

(7) 防火演习尽可能在营业时间进行，以增加临场经验。

2. 事中处置

(1) 报警。

1) 消防控制室或警务区接到消防报警信号后，应立即确认报警区域并由一名防损员迅速跑步赶到现场查看，同时应马上通知防损部。

2) 任何人员发现火警应及时通知消防控制室，如附近无电话等通信设备，应迅速到就近的消火栓，按动消火栓里的红色手动报警器向控制室报警，电话报警应讲清如下情况：

①发生火灾的准确区域和时间。

②燃烧的物质、火势大小。

③报警人的姓名、身份。

④是否有人员受伤。

报警后应尽可能地使用现场消防器材进行扑救，如能自救将火扑灭，应保留好现场，等候有关部门或负责人的到来，说明情况。

(2) 火警的排除和确认。接到报警防损人员应迅速到达报警区域。

1) 火警的排除。

①误报。如是误报应及时做技术处理，通知控制室将机器复位。

②谎报。若有人捣乱谎报火警亦应通知控制室，并报告防损部查找捣乱人员。

2) 火警的确认。根据门店的实际情况，一般可以设三种火警级别。

①一级火警。是否烟无火。

②二级火警。是否明火初起。

③三级火警。是否火势从时间和空间上难以控制。

(3) 报告制度。

1) 一级火警。防损员通知门店分管负责人、防损部主管等到达现场。

2) 二级火警。防损员通知防损部主管、维修（电工）主管到达现场。同时通知以下部门及主要管理人员：店长、分管副店长。

3) 三级火警。防损员通知防损部主管、维修（电工）主管，并通知卖场各部门主管，同时紧急呼叫店长或在场最高负责人。

4) 报火警。"119"原则上应由店长下达指令。但在紧急情况下可由分管副店长、防损部主管或其他在场最高负责人下达报火警"119"指令，并同时向店长汇报。

（4）灭火与疏散。

1）灭火。

①门店发生火灾，控制室或防损部为灭火指挥中心，店长、分管副店长或在场最高负责人在控制室或防损部掌握全局，发布指令。

②门店控制室或防损部确认火情后，应迅速将外部音响转换成消防广播，排烟风机开启后，根据火势大小、燃烧的物质，关闭非紧急照明设备和空调。

③内防人员接到控制室人员报警，应迅速派人员将失火区域通道门开启，并保证通道畅通无阻，其余防损员赶到现场扑救，在岗防损员在未接到通知的情况下，须坚守岗位疏散客流并防止无关人员进入火灾现场，防止失窃发生等问题。

④防损部，水、电工及主管接到火灾报警，应迅速赶到现场，协助控制火势，共同确保设备正常运转。

⑤门店义务消防队员和防损员听到消防警报后，应迅速赶到现场（重要岗位在岗人员要坚守岗位），听从现场指挥调派，协助扑救火灾或疏散客流。

⑥重点部位灭火主要靠自动灭火系统，当听到系统第一次警报时，室内人员应迅速将门窗关好，撤离该室并在门口等候控制室人员到来。其他人员听到系统第二次报警后，一律不准进入。

⑦向"119"报警后，防损部派人员到指定地点引导消防队车辆。

⑧灭火、抢险人员进入火灾现场后，可就近走各通道。

2）疏散。人员疏散应由总指挥部统一指挥。

①营业区。义务消防队员或安全员先从大门将顾客、联营厂家、工作人员等分别疏散，然后携带好重要物品，撤出营业区。

②办公区。办公人员应立即携带重要文件和物品，根据火势，从最近的门撤出。

③库区。库房办公人员应立即携带各类账目和重要物品，锁好库房，根据火情从就近的通道进行疏散。

3）注意事项。

①安全第一。

②按秩序疏散，不要拥挤，以免发生不必要的事故。

③避烟，有浓烟时应爬行离开现场。

④避开电器设施，只许出不许进。

⑤不用电梯，由安全门和疏散通道出去。

（5）各部门处置火警程序。各部门应按"应变处理小组"的编制，快速行动，各司其职。

1）控制室或警务区。坚守岗位，及时准确通知有关部门及领导，按现场指挥部的指令随时做好向"119"报警的准备。

2）防损部。

①确认火灾、火场、维护秩序、疏导客流，保证通道通畅并负责引导消防车辆进入。

②赶赴现场进行工程抢险疏散抢救，协助认定火灾性质以配合采取有效措施。

③配电房、中心机房、消防泵房等重点部位值班人员应坚守岗位，在未接到撤离通知前不准私自离开工作岗位。

④备好毯子、枕头等救护物品，供抢救伤员使用。

3）营业员或理货员。协助疏散顾客，要保证所有客人安全撤离。若有人员或顾客在场，以疏散人员为优先，并联络消防单位。

4）前台收银部。应立即携带贵重物品、文件和现金撤离到安全地区，尽量避免财产的损失。抢救的金钱、财物、重要资料等必须由专人负责看管，以防趁火打劫。

5）行政综合部。保护重要文件，迅速撤离到安全区域，做好信息的沟通与传递，备好车辆供抢险小组使用。

6）各成员的抢救工作，以自身安全为最优先考虑。

3. 善后处置

（1）防损部。负责保护现场不被破坏，配合消防单位，调查原因及责任。

1）拍摄照片存取证据。

2）迅速查访知情人，查找火灾起因。

3）火灾的初报和续报。

4）从技术角度查找火灾起因。

5）检讨消防系统的运行情况。

6）对机器、数据、资料的收集。

7）拍摄灾后现场，估算损失并迅速与保险公司取得联系。

（2）行政综合部。

1）拟定对外公布的有关火灾情况的新闻稿，负责对外宣传。

2）若有伤亡，应采取措施，妥善处理。

3）制订恢复营业方案。

4）撰写正式报告。

（3）事件处理如有缺陷，检讨及灾后重整报告。

（二）水灾

1. 事前预防措施

（1）随时了解气象局气象预报。

（2）了解附近地势及排水道设施，经常检查水沟有无阻塞，排水系统是否畅通。

（3）建筑物天花板、门窗检查，漏水整修。

（4）有水浸记录的门店、整修排水道，并准备沙袋。

（5）控制库存，尤其是容易发生台风、暴风雨的季节。

（6）低洼地带或泄洪区的门店，应在卖场预留较高的空间，易受水淹破坏的商品、资料、设备等先移往高处，小件商品尽量陈列在较高位置。

（7）紧急照明设施装置配置齐全，保持应急灯处于正常使用状态。

2. 现场处理

（1）靠近地面的电源先要拔掉，以免漏电伤人，若进水量很大，总电源也须关掉。

（2）贵重商品优先转移到店内较高位置。

（3）重要的单据、报表、发票要收集起来，并装箱封好，以免丢失或渗水。

（4）启动"应变处理小组"，按各组人员重新划分把商品堆放高处，堆放的原则是就近堆放、同类商品堆放在一起。

（5）仓库的商品应注意渗水损坏。

（6）善后处理办法。

1）水退后，管理人员须请维修人员彻底检查开关、电线、机器设备等是否安全，待检查通过后才开机运转。

2）协助公司职能部门、保险公司到现场对损失情况进行调查取证。

3）检查商品受灾情况，清洗场地，整理商品，摆放原位，以便恢复营业，灾后重建，以尽快营业为优先。

4）将损失情况（商品、设备）填写"门店严重事故报告书"如表6-4所示报营运部。

表6－4　门店严重事故报告书

档案编号：　　　　　　　　　　　　　　　　　　　　　　收表日期：

门店名称：

事故类别：（请在□打"√"）

□火灾　　　　　□抢劫　　　　　□发现怀疑爆炸物

□台风　　　　　□停电　　　　　□严重意外伤害

□暴雨　　　　　□电话恐吓　　　□其他＿＿＿＿＿＿＿

事发时间：　　年　　月　　日　　时　　分

在场人士：

事故发生经过及处理办法：

建议：

填报人姓名：　　　　　　　　　　　　　　　　　　店长：

填报日期：　　年　　月　　日

（本报告书一式两份：一份门店自存，一份送营运部）

（三）停电处理程序

1. 预防措施

（1）事先配置应急灯并应保持充满电待用状态，手电筒足量贮备。

（2）掌握供电公司有计划的停电信息，并预做准备。

（3）大店尽量配备发电机。

（4）收银机尽量配置备用电源。

2. 处理办法

（1）发生停电现象时，门店店长责成防损部立即打电话到供电公司询问停电原因及停电时长。

（2）若停电时间超过 4 小时，暂时停止使用冷冻、冷藏柜，避免冷冻、冷藏品因温度上升而腐败。冷冻、冷藏品可通知供应商退回或转货至附近的门店。

（3）若是晚上停电且时间超过 2 小时，请示营运部是否停止营业，如决定停止营业，立即疏散顾客。

（4）做好下列安全措施：

1）门店店长立即将办公室保险柜及仓库锁好。

2）如收银机备用电源即将耗尽（正常情况下可用 8 小时），则将收银台抽屉关好，只留一条收银通道，如收银机无法使用，则停止营业。加派员工疏散顾客。

3）门店店长应迅速将人员分配至收银台附近及卖场里，防止顾客趁机偷窃。

4）以客气的语调安抚顾客，并请顾客谅解因停电所带来的不便。

5）由防损员加强后门、侧门的管理，防止员工不良行为的发生。

（5）关闭所有电器开关，只留一路电灯。

3. 善后处理办法

（1）店长要检查门店内外是否有异常现象，并派人员到收银台附近及卖场，防止偷抢发生。

（2）如没有备用电，则劝告、阻止顾客进入。

（3）清查店内的财物和商品。

（4）检查店内的生鲜和冷藏、冷冻食品是否变质，避免顾客买到因停电而受到影响的不良商品。

（5）待一切恢复正常之后，再开始营业。

（6）来电后，三项开关箱内的开关每隔 30 秒开启其中之一，按实际需要，决定先后次序，单项开关则按次序逐个开启。

（7）填写"门店严重事故报告书"报公司营运部。

（四）台风

1. 预防措施

（1）经常收听电视台广播，注意台风的方向。如遇台风来袭，并对门店所在区域造成威胁时，立即做好各项预防台风措施。

（2）检查招牌是否牢固，门窗是否损坏，水沟有无阻塞，排水系统是否畅通，以及紧急照明灯是否良好等。

（3）将仓库的货品排列整齐，并尽量离地堆高，以防止水浸而使商品受到损害。

（4）确认"应变处理小组名单"，以备发生重大状况时，能即时应变。检查店内有无漏水现象，如有立即请公司工程部管理部门检修。

2. 现场处理

（1）工程技术人员应在台风来袭时，于指定地点待命，准备处理紧急救灾事宜。

（2）门店店长和副店长应于店内待命，随时掌握各种突发状况，以防范灾情扩大。

（3）如果碰到严重的水浸状况，应迅速将重要文件、账册、现金、支票等设法转移到安全地带，再设法转移商品，并立即向上级报告，以便开展更有效的支援工作。

3. 善后处理办法

（1）立即检查店内各项设施，有无遭受损害的现象。

（2）检查仓库及店内陈列的商品，有无遭受损失。

（3）请职能部门及保险公司对损失情况进行调查取证。

（4）按台风侵袭造成的损失结果，填写"门店严重事故报告书"报总部营运部。

（五）意外伤害的处理程序

1. 事前预防

（1）店里店外打破的玻璃碎片应立即清扫干净。

（2）受损或有裂痕的玻璃器具有刮割之处时，应先用胶布暂时贴住，或暂停使用。

（3）登高必须用牢固的梯子。

（4）不可站到纸箱、木箱或其他较软而易下陷、倾倒的物品上。

（5）抬重物应先蹲下，再将腿伸直抬起物品。

（6）不可用背部力量抬物。

（7）玻璃框、压克力框不可置放过重物品，也不可将双手、上半身压在上面。

（8）发现走道上有任何障碍物，应立即清除，以免撞到或跌倒，其他物品的陈列架或 POP 架，有凸出的尖锐物，应调整改善，以免伤到人。

2. 状况处理

（1）若受伤者是本公司员工，视情况送医院治疗，并回报上级主管，严重者通知家人。

（2）若顾客受到伤害，且属轻微，则由店长赠送小礼物致歉。

（3）送医治疗者，则须通报上级出面致歉，赠送礼物，并负担医药费。严重者通知其家人。

（4）以抢救、送医治疗为第一优先，不要在现场争吵或追究责任。

（5）现场要尽快清理，以免影响营业或再度发生意外。

3. 事后检讨改善

（1）检讨事情发生的原因，及实际处理的结果。

（2）做成例案，通报各单位。

（六）严重意外伤害

1. 事前预防

（1）因水灾、火灾、台风、停电、群众运动及员工因抬物、攀高、跌倒都可能造成意外伤害。

（2）考虑店内的装潢设计和各项设施是否影响顾客行动的安全，尤其是老年人、残疾人、孕妇及儿童等。

（3）电动叉车、高叉车作业一定要谨慎安全驾驶，持证操作。

（4）及时清除现场的障碍物、溢出物、垃圾等，随时检查商品陈列等的安全。

2. 事中处置

（1）顾客如有晕倒或意外伤害，附近的员工应马上伸出援助之手，并表示出对顾客的深切关心，同时立即通知卖场办公室人员和总服务台人员携带医药箱到现场予以检查处理。

（2）若为轻微伤害及时处置即可，若为严重伤害，应迅速拨打"120"急救电话或打"110"寻求帮助，不得搬动伤者。

（3）如有突发病发生和重大伤害时，应立即现场救护并迅速拨打急救电话，请派救护车支援，切勿轻易搬动受伤者。

（4）顾客到医院就医必须有店内人员陪同。

3. 事后处理

（1）关心顾客，了解康复状况。

（2）若顾客的意外伤害属门店的责任，客户服务部等相关部门要积极和顾客商谈善后赔偿事宜，同时与保险公司取得联系。

（3）事后应以关心的态度，了解顾客或员工的康复情况。

（4）总结教训，当天将发生的情况填写"门店严重事故报告书"报告总部营运部处理。

（七）故意捣乱

1. 事前预防

（1）严禁穿着不文明者入内。

（2）严禁酗酒者进入。

（3）对可疑人员要跟踪监督。

2. 事中处置

（1）如是故意捣乱，店长要立即做出下列处理：

1）通知防损员到现场制止。

2）拨打"110"报警。

3）阻止员工和顾客围观，将其带离现场，送交公安机关处理。

（2）如有醉客躺在卖场，则由保安人员请其出场。

（3）不管发生任何状况一定要沉着、冷静，安全第一。

3. 事后处理

（1）清点财物，由警察签字后做汇报。

（2）如有重大损害要通知保险公司前来鉴定，作为索赔依据。

（八）电话恐吓

处理办法：

（1）如果可能，要求对方与当班管理人员通话。

（2）接听电话的人员必须保持镇定，让对方讲完全部，不要从中打断。

（3）正确记下嫌疑人的口音、年龄、对方的动机以及其他信息。

（4）尽量拖延对方谈话，不做任何承诺。

（5）立即通知公司职能部门，并向警方报案。

（6）听从警方的指示，切勿擅自做任何决定，以免影响警方办案。

（7）填写"门店严重事故报告书"报营运部。

（九）防抢劫管理

根据专家研究，一般人进行抢劫时，他所承受的压力只有 3 分钟，这短短几分钟是他一生所受的最大压力，所以抢匪进到卖场的唯一念头是——赶快得手，离开现场。

1. 事前预防

（1）太多钱财露白，应随时避免。

（2）暗淡的灯光，应随时避免。

（3）凌乱的门店，应随时避免。

（4）柜台无人看守，应随时避免。

（5）没有目击者，应随时避免。

（6）有容易逃走的路线，应随时避免。

（7）贵重商品须陈列在比较明显的地方。

（8）贵重商品陈列量不宜太多。

（9）烟酒、补品及小件贵重商品应陈列在装锁的柜子内。

（10）收银台的现金达到一定金额时，即应转入保险柜。

（11）保险柜的密码只能由相关管理人员知道。

（12）打开钱财放置处不要露出太多现金，大钞应尽量少，随时放入保险柜内。

（13）晚班人员少带现金及金饰，以免让嫌疑人起歹念。

（14）晚班人员应保持高度警惕。

（15）提高警觉，员工对有怀疑顾客，须立即告诉相关管理人员，并迅速通知全体营业人员，以作防患。

（16）保持清洁、明亮的店容。

（17）自动门、玻璃门等不要张贴太多 POP。

（18）收银台下装置管区警察连线的警报系统。

（19）注意假借推辞，进入本店消费的人。

（20）注意携带特别包装物的人。

2. 状况处理

（1）遇抢时，需要保护门店人员的安全，不要做无谓的抵抗。面对嫌疑人时要沉着、冷静，尽量和嫌疑人周旋，要机智勇敢。

（2）保持冷静，设法记下嫌疑人的特征，如身高、口音、服装、体重、面貌、武器式样等。

（3）不必试图说服嫌疑人。

（4）全体人员的双手应让歹徒看得到，并告知店内还有多少人。

（5）不要碰触嫌疑人触摸过的物品及设备。

（6）设法告诉其他人员抢劫人数及被抢情况。

（7）设法马上报警，并在有可能的情况下尽快通知有关人员。

3. 事后检讨改善

（1）如现场没有报警，嫌疑人离开后要迅速报警并报告营运部和总经理。

（2）歹徒所碰过的商品或走过的区域，给予封锁，以便查证。

（3）歹徒离开 3 分钟内，填写"嫌疑人特征表"如表 6 - 5 所示。

表 6 - 5　歹徒特征表

店名：_____　　地址：_____

填表人：_____　　住址：_____　　电话：_____

重要内容	（1）事发时间	年　月　日　时　分
	（2）歹徒人数	人（若超过两人以上，请分别填写资料）
	（3）性别	□男　　□女
	（4）身高	□150cm 以下　□150 ~ 160cm　□160 ~ 170cm □170 ~ 180cm　□180 ~ 190cm　□190cm 以上
	（5）脸形	□圆形　□方形　□瘦长　□瓜子脸　□其他
	（6）口音	□普通话　□方言（　　　　　）
	（7）身材	□瘦小　□矮胖　□中等　□瘦长　□高壮
	（8）抢劫工具	□刀　□枪　□棍　□其他
人	（9）年龄	□15 ~ 20 岁　□20 ~ 30 岁　□30 ~ 40 岁 □40 ~ 50 岁　□50 ~ 60 岁　□60 岁以上
	（10）发型	□男　□分头　□平头　□光头　□烫发　□戴帽　□其他 □女　□长发　□短发　□烫发　□戴帽　□其他
	（11）服装样式	□西装　□休闲装　□运动装　□套装 □洋装　□夹克　□背心　□牛仔裤　□其他
	（12）服装颜色	上半身：　　　　色　　　　下半身：　　　　色
	（13）鞋子	□拖鞋　□皮鞋　□球鞋 鞋子颜色：　　　　色　　　　鞋子品牌：
	（14）面貌特征	□戴眼镜　□戴口罩　□有痣　□有疤 □镶牙　□蓄须　□其他
	（15）身体特征	

续表

事	（16）交谈内容	
	（17）抢劫装备	□手提袋　　　　　□麻袋　　　　　□其他
	（18）抢劫所用车辆	□计程车　□摩托车　□单车　□徒步　□其他 车辆颜色：　色　厂牌：　车号：
物	（19）逃逸方向	
	（20）损失财物	钱：　　　　　元
		货品：
		其他：

（4）警方现场调查完毕，征得防损部门的同意，开始清理现场，清点财物，将损失核算后呈报公司。

（5）到报案单位做笔录，取得报案证明。

（6）将事件发生经过及处理方法填写"门店严重事故报告书"报告总部营运部。

（7）被抢的店，往往容易再度成为嫌疑人目标，故针对事前防患的各项重点，应予逐项检讨，确实执行改进。

（8）联络管区警察，列巡逻路线。

（9）考虑增加男性员工比重。

（十）可疑爆炸物

1. 事前预防

（1）请顾客按规定存包。

（2）仔细检查周围环境。

2. 事中处置

（1）经店长或在场最高负责人许可后，立即拨打"110"报警。

（2）不可触及可疑爆炸物，划出警戒线，不许任何人接近。

（3）疏散店内人员和顾客，并立即停止营业。

（4）以安全为原则，不可冲动行事，以免受到任何伤害。

3. 事后处理

（1）静待警方处理直至危险解除，再恢复营业。

（2）填写"门店严重事故报告书"报总部营运部。

（十一）夜间盗窃

1. 预防措施

（1）玻璃窗、排气扇、通风管等须安装坚固的防盗网。

（2）不论是自动或手动的卷闸门，与地面或墙面加设锁位，并于夜间下班离开卖场前上锁。

（3）大门、消防门、进货门及现金办须安装具有防剪断功能的防盗报警装置，并与报警中心或派出所联网（留下联系人姓名及联系电话等），不能联网的，须连接附近的员工宿舍，夜间下班离开卖场时按规定布防。

（4）夜间停止营业后，当班管理人员及防损员全面清场，检查每个角落，尤其是仓库、洗手间、杂物间等隐蔽处所，关好门窗并上锁。

2. 处理办法

（1）接到报警通知或听到报警铃，第一时间通知门店店长及防损部经理到现场，持防卫武器进入卖场检查每个角落，确认是否发生盗窃。

（2）如已发生盗窃，保护好现场并报警、报保险公司及总部营运部。

（3）警察、保险公司对现场进行调查取证后，在保险公司、防损部人员的监督下清点损失商品等，并详列清单。

（4）清理现场，恢复正常状态。

3. 善后措施

（1）填写"门店严重事故报告书"报总部营运部。

（2）检讨防盗措施、处理方法有无不当之处，提出改进措施。

（十二）其他预防事项

（1）无论任何区域发生突发事件，指挥人员还未到现场，该区域职务最高者为现场第一指挥员，待指挥员到达后，由其协助指挥。

（2）大厅内的消火栓在发生火灾的紧急情况下，可当即击破玻璃后启用，当逃生或扑灭火灾遇到障碍时，可做破坏性处理，以方便施救。

（3）门店所有工作人员必须认识当前的火灾及治安形势，牢固树立工作责任感，做到恪尽职守，不要随便拆卸门店内捡到的各类包裹和物品，如发现可疑的情况和可疑的人员，请立即报告，做到防患于未然。

（4）一旦发生暴力抢劫案、纵火案，所有在岗人员和防损部人员必须保持清醒头脑，沉着应对，在保证财产和没有伤员的前提下，机智、灵活地同犯罪分子做斗争（或及时扑灭火灾），以实际行动保证财产和顾客生命的安全。

（5）一旦发生犯罪分子持械抢劫或其他突发事件，防损部人员应立即赶赴案发现场，及时疏散顾客，并迅速封锁现场，在确保人身安全的前提下围捕犯罪分子。

（6）卖场所有工作人员在犯罪分子实施暴力抢劫（或纵火）时，因贪生怕死、临阵脱逃，放弃工作职责、任财产和顾客生命遭受损失者，一经发现要给予处分，构成犯罪的要追究当事人的刑事责任，有功者应给予重奖。

（7）在扑救火灾过程中或与犯罪分子展开斗争时，应讲究策略，尽量避免人员伤亡和较大的财产损失。在犯罪分子把工作人员当人质时，除应该及时报警外，还应当采取政治攻势，进行冷静处理，以达到争取时间抓获案犯。

图书在版编目（CIP）数据

超市防损管理/赵盛斌编著. —北京：经济管理出版社，2014.10
ISBN 978 - 7 - 5096 - 3115 - 7

Ⅰ. ①超… Ⅱ. ①赵… Ⅲ. ①超市—安全管理 Ⅳ. ①F717.6

中国版本图书馆 CIP 数据核字（2014）第 104144 号

组稿编辑：何 蒂
责任编辑：杜 菲
责任印制：黄章平
责任校对：赵天宇

出版发行：经济管理出版社（北京市海淀区北蜂窝 8 号中雅大厦 11 层 100038）
网　　址：www. E - mp. com. cn
电　　话：(010) 51915602
印　　刷：北京晨旭印刷厂
经　　销：新华书店
开　　本：720mm × 1000mm/16
印　　张：10.5
字　　数：198 千字
版　　次：2014 年 10 月第 1 版　　2014 年 10 月第 1 次印刷
书　　号：ISBN 978 - 7 - 5096 - 3115 - 7
定　　价：35.00 元